O MANUAL DA MULHER

{ ISABELA BRAGA }

O MANUAL DA MULHER

um passo a passo para você construir o seu legado

LÜZZ

© Isabela Braga, 2024
© Buzz Editora, 2024

PUBLISHER Anderson Cavalcante
COORDENADORA EDITORIAL Diana Szylit
EDITOR-ASSISTENTE Nestor Turano Jr.
ANALISTA EDITORIAL Érika Tamashiro
EDIÇÃO Aline Graça
PREPARAÇÃO Dalila Magarian e Érika Alonso
REVISÃO Tássia Carvalho, Lui Navarro e Thiago Bio
DIREÇÃO DE ARTE Daniel Zemuner Trindade
PROJETO GRÁFICO E COMPOSIÇÃO Anderson Junqueira
IMAGENS DE CAPA E MIOLO Mariana Siles

Nesta edição, respeitou-se o novo Acordo Ortográfico da Língua Portuguesa.

Dados Internacionais de Catalogação na Publicação (CIP)
(Câmara Brasileira do Livro, SP, Brasil)

Braga, Isabela
    O manual da mulher : Um passo a passo para você construir o seu legado / Isabela Braga. — 1ª ed. — São Paulo : Buzz Editora, 2024.

    ISBN 978-65-5393-399-6

    1. Deus (Cristianismo) 2. Mulheres - Aspectos religiosos - Cristianismo 3. Mulheres - Vida cristã I. Título.

24-220185   CDD-248.843

Índice para catálogo sistemático:
1. Mulheres : Vida cristã : Cristianismo 248.843
Eliane de Freitas Leite - Bibliotecária - CRB 8/8415

Todos os direitos reservados à:
Buzz Editora Ltda.
Av. Paulista, 726, Mezanino
CEP 01310-100, São Paulo, SP
[55 11] 4171 2317
www.buzzeditora.com.br

DEDICO ESTE LIVRO ao amor da minha vida, Thiago, meu "Boaz", meu resgatador. Ele é um homem íntegro, forte, sábio, humilde, amoroso, protetor, provedor e generoso. Thiago, como você me ensina!

Também dedico esta obra aos nossos maiores presentes divinos: Arthur, Joanna e Enrico. Vocês são a razão por trás da minha transformação pessoal. O amor e o cuidado que tenho por vocês, dádivas de Deus, incentivaram-me a ser uma pessoa melhor. Vocês constituem minha família e, sem sombra de dúvida, o meu tesouro mais valioso nesta terra.

Com vocês, aprendi e continuo aprendendo inúmeras lições valiosas. Vocês superam todos os meus sonhos. Ver o rosto de cada um de vocês ao nascer trouxe-me as maiores felicidades. Vocês me deram propósito. Oro a Deus para que me dê forças diariamente e assim eu possa cuidar e zelar por vocês com sabedoria.

Sou grata por todos os desafios que superamos juntos, fortalecendo nossa união e nos deixando mais fortes. Agradeço a Deus por todos os momentos felizes que compartilhamos. Sem vocês, eu jamais teria escrito este livro. Amo vocês infinitamente!

AGRADE-CIMENTOS

MEUS SINCEROS AGRADECIMENTOS a todos que tornaram a realização deste livro possível:

Primeiro, não poderia deixar de expressar minha gratidão a Deus, pois Ele é a razão da minha existência e de tudo o que sou e possuo. Se este livro foi escrito, foi por Sua graça e permissão. Ele é a fonte do querer em mim e a capacidade de realizar, guiando-me ao longo dos seis anos desde a revelação inicial desta obra até sua conclusão. Esse período, marcado por lágrimas, noites em claro e momentos íntimos com Ele, resultou finalmente na realização deste projeto.

À minha família, por acreditar em mim, cujo incentivo e apoio inabalável foram fundamentais, a minha eterna gratidão.

Aos meus pastores, André e Cassiane Valadão. O sim de vocês aos planos de Deus levou nossa família a viver o que vivemos hoje. Thiago e eu aprendemos tanto com vocês, não só a como sermos um servo e uma serva de Deus, mas acima de tudo a como ser um marido que ama a esposa e uma esposa sábia que cuida do marido, e também a sermos pais que criam os filhos nos caminhos de Deus. A família de vocês é realmente inspiradora, amamos e honramos demais quem vocês são e o que carregam. Com grande respeito, valorizamos o legado espiritual que transmitem. A influência da unção de vocês em nossas vidas é uma bênção inestimável.

Minha profunda gratidão à minha amada igreja, Lagoinha, um lugar de imenso aprendizado.

Aos "Amigos de Deus", que Ele me apresentou ao longo da minha jornada, e a todas as mulheres que caminham ao meu lado, oferecendo seus testemunhos, encorajamento e feedback. Vocês são uma fonte de força.

À minha mãe, que sempre me amou e deu tudo de si para me proporcionar a melhor educação possível, e às minhas irmãs, a quem amo profundamente.

Prefácio 10   Apresentação 12   Introdução 13

PARTE UM:
AUTOCONHECIMENTO E APLICAÇÃO DE PRINCÍPIOS

Capítulo 1: A importância de saber quem você é 19
Capítulo 2: Você recebeu de Deus uma missão 31
Capítulo 3: O valor inestimável do seu lar 39
Capítulo 4: O princípio da mesa 53
Capítulo 5: O princípio da excelência 65
Capítulo 6: O princípio da honra 79
Capítulo 7: Honrar o marido 93
Capítulo 8: Princípio da autorresponsabilidade 105
Capítulo 9: Princípio do cuidado 111

PARTE DOIS: FAMÍLIA

Capítulo 10: O papel divino da família 117
Capítulo 11: Organização de prioridades da mulher 133
Capítulo 12: A arte de cultivar relacionamentos saudáveis 141

PARTE TRÊS:
ESTILO DE VIDA, EDUCAÇÃO E COMPORTAMENTO

Capítulo 13: Você sabia que sua imagem comunica? 151
Capítulo 14: A arte da etiqueta 171

PARTE QUATRO: A ARTE DE BEM RECEBER

Capítulo 15: Hospitalidade: a arte do acolhimento 185
Capítulo 16: Tipos de serviços 199
Capítulo 17: Como viver os benefícios da mesa no seu lar 205
Capítulo 18: Mesa posta na prática 211
Capítulo 19: As cores na mesa posta: o jeito ideal para combiná-las 221
Capítulo 20: Momentos para degustar à mesa 231
Capítulo 21: Minhas receitas favoritas 239

PARTE CINCO: ORDEM NO LAR

Capítulo 22: Limpeza e organização da casa 281
Capítulo 23: Criar uma casa atraente e bem decorada é acessível a todos 289

PARTE SEIS: IMPORTÂNCIA DA LIDERANÇA INSPIRADORA

Capítulo 24: Seja uma mentora para as outras mulheres 295

Conclusão 301

PREFÁCIO

Pastores André Valadão e Cassiane Valadão

LOUVADO SEJA O NOME DO SENHOR pelo poder transformador! A Pastora Isa é a prova viva do que Deus pode fazer na vida de alguém que abre o coração sem qualquer restrição para o agir e o mover de Deus em sua história. Ao longo dos anos, algo que tem nos marcado profundamente, tanto a mim quanto a Cassiane, ao acompanhar de perto a vida da Pastora Isa, é a fome e a sede constantes que ela tem de buscar, aprender e viver a vontade de Deus para a sua vida.

Desde o início da sua conversão, lembramos dos primeiros dias e momentos em que ela chegava à igreja, e pudemos testemunhar cada passo de sua transformação: o enchimento pelo Espírito Santo, o batismo, a formação no seminário e, finalmente, a sua consagração pastoral. Louvamos a Deus porque podemos ver na vida, no casamento e no ministério da Pastora Isa uma realidade sobrenatural. Ela possui uma fome pelo profético, um desejo de viver as coisas simples do dia a dia e, ao mesmo tempo, um coração de serva disposta a fazer o que for necessário para que vidas sejam alcançadas pelo poder do Evangelho.

Minha oração é para que este livro, de forma prática, leve cada mulher a cumprir o seu papel naquilo que Deus a designou para ser, acima de tudo, um canal e um instrumento dentro do próprio lar, conduzindo-a aos caminhos do Senhor Jesus. Oramos também para que o mesmo poder que agiu na vida da Pastora Isa, fazendo dela essa mulher tão abençoada e ungida, opere na vida de cada mulher, para que seu ministério e propósito se cumpram.

Estamos certos de que a leitura deste livro será um desvendamento para muitas mulheres, especialmente aquelas que pensam não haver solução, que acham que seu tempo já passou ou que Deus não tem um grande plano para suas vidas. O fato é que, começando na mesa do lar e seguindo todos os passos que a Bíblia ensina de maneira prática, simples e eficaz, este livro impactará a vida de muitas mulheres.

Que Deus abençoe a sua leitura e que, em todo o tempo, você entenda que o mesmo Deus que operou na vida da Pastora Isa também estará operando na sua vida. À medida que você ler, página por página, cremos que será uma semeadura em sua vida, e essas sementes certamente florescerão.

APRESENTAÇÃO
Thiago Braga

MINHA AMADA ISABELA é a personificação da força e da graça divina. Seu coração generoso não conhece limites, espalhando amor e bondade a todos ao seu redor. Como minha esposa, ela não apenas inspira nossa família com sua sabedoria e mansidão, mas também me alegra ver sua dedicação incansável ao servir à igreja de Jesus com seus múltiplos dons e talentos.

Isabela ilumina nossos dias com seu sorriso largo, disposição, entusiasmo e nos guia com sua profunda sabedoria espiritual. Sua fé inabalável e seu compromisso com o bem-estar do próximo são testemunhos vivos de seu amor por Deus e pelas pessoas que Ele colocou em nosso caminho. Honrá-la e ser honrado por ela não é somente um privilégio, mas uma bênção que fortalece não apenas nosso casamento e nossa casa, mas todos aqueles que têm a sorte de conhecê-la. Que a luz de Jesus nela continue a brilhar, espalhando amor e sendo sempre essa mulher apaziguadora por onde passa. Que sua influência positiva perdure como um exemplo de como honrar e amar verdadeiramente, deixando assim um legado a ser seguido.

INTRODUÇÃO

"O LAR, PARA MIM, VAI ALÉM DAS PAREDES QUE NOS ABRIGAM. É nosso santuário, o lugar onde nossos corações encontram descanso e onde nossos sonhos e nossas esperanças são nutridos."

Quando penso na palavra "lar", vejo muito mais do que as simples paredes que nos protegem. Para mim, lar é um lugar sagrado, sabe? É onde nosso coração se aconchega, descansa, onde nossos sonhos e esperanças são cultivados com carinho. É nesse lugar especial que a gente cresce por dentro, em que nosso caráter é lapidado. Afinal, é no aconchego do lar, e não só nas escolas, que a gente aprende as lições mais valiosas da vida. Minha família é meu bem mais precioso, e Deus me mostrou que, para vê-los prosperar, nosso lar precisa ser um refúgio de paz, amor e união. Porque é assim que construímos um futuro abençoado para todos nós.

Eu cresci num lugar cheio de desafios. E isso influenciou muito como eu via a família e o lar. Mas, quando Jesus entrou no meu coração, teve início um lindo processo de transformação. Nessa jornada com Ele, comecei a ver a mesa da nossa casa de um jeito todo especial. Ela não é só um móvel, mas um espaço sagrado de união, um altar onde adoramos a Deus. Em volta dela, dividimos histórias, alimentamos não só o corpo, mas também a alma, e fortalecemos os laços com nossa família, criando conexões mais profundas, e nossa esperança em dias ainda mais abençoados.

Eu sei, estamos vivendo tempos difíceis, e, muitas vezes, parece que o mundo lá fora quer nos afastar do que é realmente importante. Mas quero dizer a você, mulher, que é possível equilibrar a vida moderna com o cuidado da nossa família.

Dá para ser bem-sucedida e, ao mesmo tempo, manter a paz e o amor em nosso lar.

Então, é por isso que eu criei este manual. Este livro é mais que um convite; ele é um chamado para você andar comigo nesta jornada. Quero inspirar você a ser a protetora do seu lar, a ser alguém que busca a paz, que espalha amor e que se conecta a Deus diariamente. Desejo de todo meu coração que, ao virar cada página, você se sinta inspirada, cheia de esperança e fortalecida para fazer uma verdadeira transformação no seu lar e na sua vida.

Vamos começar mergulhando no mundo do autoconhecimento. Juntas, você vai redescobrir quem realmente é: a mulher única e insubstituível que Deus criou. Vamos entender o valor imenso do nosso lar, percebendo como ele se encaixa no plano maravilhoso de Deus e aprendendo a trazer excelência para seu dia a dia. Vou falar sobre princípios fundamentais de comportamento, como o caráter, e sobre o desafio que é administrar os dons que Deus nos deu. Será uma viagem incrível de crescimento, e estou superanimada para compartilhar isso tudo com você!

Na próxima etapa, mergulharemos no mundo da família e dos relacionamentos. Você encontrará conselhos preciosos para enriquecer o relacionamento com seu marido, para criar filhos alinhados aos princípios divinos e para aprimorar suas interações com os que estão ao seu redor, usando sua inteligência emocional.

Prosseguindo para a parte seguinte, falaremos sobre estilo de vida e educação. Discutiremos como aspectos espirituais e físicos influenciam nosso cotidiano, e nos aprofundaremos no mundo da boa educação, da etiqueta, da hospitalidade e da decoração. Prepare-se para dicas práticas e transformadoras, desde arrumar a mesa de maneira perfeita até organizar seu lar com muito amor e dedicação. Ah, e presentearei você com minhas receitas favoritas!

Na sequência, exploraremos um pouco mais a respeito de se apresentar como uma mulher que inspira, influencia e direciona, sempre guiada pelo amor e pela sabedoria que vêm de Deus.

Espero que, ao fechar a última página deste livro, você se sinta inspirada, influente e pronta para ser uma mentora para outras mulheres, iluminando o caminho com tudo o que compartilhamos.

Esse é seu caminho, querida mulher, e estou emocionada por percorrê-lo com você! Volte a este livro sempre que precisar.

Com todo meu carinho,
Pastora Isabela Cabral Braga

AUTOCONHECIMENTO E APLICAÇÃO DE PRINCÍPIOS

Capítulo 1
A IMPORTÂNCIA DE SABER QUEM VOCÊ É

{ *Quando uma mulher encontra sua identidade em Deus, ela descobre seu verdadeiro propósito.*

ESCOLHI COMEÇAR ESTE LIVRO abordando esse tema específico por um motivo muito especial. Compreender quem eu sou em Deus foi o passo decisivo para transformar minha vida e descobrir o verdadeiro significado de ser mulher.

Durante minha jornada de crescimento, enfrentei muitas dúvidas sobre meu valor.

Aprendi que, quando não temos clareza da nossa identidade em Deus, é fácil nos perdermos nas expectativas do mundo. Porém, ao nos conectarmos com nossa essência divina, ganhamos força e direção. Mais do que isso, descobrimos um profundo sentimento de pertencimento e uma clara missão de vida.

Você já sentiu aquele chamado no coração para descobrir quem realmente é?

Pode ser que, na correria do dia a dia, com tantas responsabilidades e tarefas, você tenha deixado de lado a busca pela sua verdadeira identidade. Compreender quem realmente somos vai muito além de reconhecer nossas forças e fraquezas, é acender a luz para uma vida mais autêntica, cheia de propósito, alegria e otimismo.

Os padrões impostos pelo mundo, muitas vezes, são confusos e podem tentar nos desviar desse caminho. Mas lembre-se: há um convite divino aguardando por você, um chamado para descobrir a verdadeira luz que brilha dentro de você. É como se Deus nos sussurrasse suavemente: "Você é minha obra-prima, única e preciosa". Essa mensagem é um lembrete do quanto somos amados e valorizados.

> *Antes que eu a modelasse no ventre, eu a escolhi; antes de você nascer, eu a separei e a designei profeta às nações.*
> – JEREMIAS 1,5

O que define uma mulher?

Desde sempre, nós mulheres temos sido chamadas por Deus para desempenhar papéis incrivelmente poderosos. Nossa essência combina força e sensibilidade, e isso é uma bênção divina! Por isso, o que a define não são as tendências do mundo, sua carreira nem mesmo quanto dinheiro você possui, e, sim, a marca do Criador presente em você. Seu papel como mulher é ser sal e luz deste mundo!

O que nos define de verdade são aqueles momentos de comunhão e entrega em que confiamos plenamente a Deus nossas alegrias e nossas lutas. É Ele quem nos fortalece para enfrentar e vencer cada obstáculo. Então, celebre a Deus por ser quem você é! Dance ao ritmo da graça divina e valorize cada passo da sua caminhada com Cristo. Quando se olhar no espelho, veja além da aparência externa: reconheça-se como a filha amada do Pai Celestial, pronta para uma vida plena e ricamente abençoada. Confie, caminhe com firmeza e viva sua essência divina em toda sua plenitude.

O propósito especial de Deus ao criar a mulher

Desde o início, Deus tinha um plano especial ao criar a mulher. Ele a formou com imenso carinho, dotando-a de características únicas e de uma beleza que não tem igual. Entenda que você foi criada para ser mais do que apenas uma companheira para o homem; você é uma parceira de igual valor e complementaridade, uma verdadeira expressão do amor e da sabedoria de Deus na Sua criação.

Deus espera que você reflita Sua imagem e glorifique Seu nome. Ele a convida a viver uma vida de fé, de esperança e de amor, cultivando uma relação profunda e íntima com Ele. **A verdadeira identidade da mulher se revela em seu relacionamento pessoal com Deus, no qual ela descobre sua verdadeira essência e encontra seu propósito divino.**

O papel da mulher segundo a vontade de Deus

Mulher, você sabia que, segundo o coração de Deus, seu papel é incrivelmente multifacetado e abrangente? Ele a convida para ser uma esposa dedicada, uma mãe carinhosa e uma amiga verdadeira. Deus espera que você seja uma luz reluzente, refletindo o amor de Cristo para todos ao seu redor.

Deus a criou para desenvolver virtudes valiosas como bondade, humildade, compaixão e sabedoria. Ele deu a você dons e talentos únicos e quer que você os use para abençoar os outros e contribuir para a construção do Seu reino na Terra. Sua voz é essencial e influente. Nós, mulheres, somos incentivadas por Deus a enfrentar desafios com bravura, a expressar a verdade com amor, a defender a justiça e a buscar a reconciliação, confiando n'Ele em todas as situações.

Nunca duvide de que você foi chamada para ser uma guerreira espiritual, resistindo às pressões e às tentações deste mundo e se fortalecendo na graça e no poder que vêm de Deus. Nos altos e baixos da vida, encontramos consolo e esperança na presença amorosa do Pai celestial, sabendo que somos profundamente amadas e valorizadas por Ele.

Sua identidade é definida por Deus!

É fundamental lembrar que sua identidade não deve ser construída pelos padrões culturais ou pelos estereótipos que a sociedade tenta impor a nós todos os dias. A verdadeira definição de quem você é está no amor incondicional de Deus, na graça abundante que Ele derrama sobre você e na verdade revelada nas Escrituras Sagradas. Neste exato momento, Deus está chamando você para viver plenamente o propósito que Ele cuidadosamente preparou. Mas, para abraçar esse chamado, é essencial que os princípios divinos estejam firmemente enraizados dentro do seu coração. Seguindo esse caminho, você agradará a Deus em tudo o que fizer.

Digo isso com toda a convicção, pois minha vida mudou radicalmente quando reconheci Jesus como meu único Senhor e Salvador e O aceitei em meu coração.

Minha história
A mulher que firma sua identidade em Deus é uma inspiração para todos ao seu redor.

Permita-me contar um pouco sobre minha jornada, como um testemunho, pois talvez ela seja parecida com a sua ou com a de outras mulheres que você conhece, repleta de altos e baixos, aprendizados e momentos de revelação.

Lá atrás, eu era uma pessoa que muitos poderiam considerar "improvável". Sabe alguém sem qualquer chance de dar certo na vida? Pelo menos era assim que eu mesma me sentia. Foi somente depois do encontro transformador com Deus que comecei a compreender quem eu sou e meu verdadeiro propósito de vida.

Eu nasci e cresci na Paraíba, na região Nordeste do Brasil, em João Pessoa, uma cidade de muitos contrastes sociais. Meu lar, apesar de prover amor, também tinha muitos momentos conturbados, sem harmonia. Não havia exemplos cristãos presentes dentro de casa e ninguém conhecia de verdade a Palavra de Deus.

Lembro-me de meu pai, um homem envolvido na política, dono de um temperamento que, muitas vezes, oscilava entre a calmaria e a tempestade, chegando muitas vezes à agressividade. Por diversas vezes, presenciei meu pai agredindo minha mãe. Mulher forte e de incrível resiliência, ela enfrentava tudo com muita digni-

dade, ainda que fosse bastante difícil cuidar de mim e das minhas duas irmãs e, ao mesmo tempo, atender às expectativas tão exigentes do meu pai.

Quando eu tinha apenas nove anos, enfrentamos uma grande provação em nossa família: a perda do meu pai em um trágico acidente doméstico. Foi um momento de profunda dor.

Na ausência do meu pai, minha mãe se tornou uma verdadeira fortaleza. Ela assumiu a imensa tarefa de criar as três filhas sozinha, demonstrando força e determinação admiráveis. Contudo, conforme eu crescia, comecei a perceber que a imagem idealizada que eu tinha dela na infância não correspondia inteiramente à complexidade da realidade. Nossa relação era repleta de amor, mas também marcada por desafios na comunicação. Por muito tempo, minha mãe foi minha maior referência, uma verdadeira rainha no meu mundo. Mas, ao perceber suas falhas e limitações humanas, senti um grande desconforto. Durante uma fase, cheguei a rejeitar tudo o que ela representava, erroneamente atribuindo a ela a responsabilidade por muitas dificuldades que eu mesma enfrentei.

Essa jornada de entender e aceitar as imperfeições humanas, tanto as minhas quanto as da minha mãe, foi uma experiência emocional profunda. Ela me ensinou muito sobre o poder do perdão, a importância da compreensão e a complexidade inerente às relações familiares.

Resgatar o amor por minha mãe e curar as feridas causadas por nossa relação não foi fácil. Com o tempo, pude reconhecer que ela também enfrentou seus próprios desafios e, apesar das suas falhas, fez sempre o melhor que pôde. A reconciliação com essa realidade tornou-se uma jornada de cura, profundamente enraizada na minha fé e no meu entendimento. Foi um processo intenso de reavaliação de muitas experiências passadas. Hoje, olho para trás e vejo tudo sob uma nova luz. Consigo valorizar o esforço dela e sua trajetória de vida.

Aprendi a ver minha mãe não apenas como a figura materna, mas como uma mulher que, com as ferramentas de que dispunha, fez seu melhor. E, se hoje estou aqui, forte e resiliente, é em grande parte graças a ela, que acertou muito mais do que errou.

Como muitos jovens, eu estava cheia de ansiedade para vivenciar novas experiências, o que me levou a embarcar em uma jornada turbulenta durante a adolescência. Essa fase de rebeldia me fez ir para os Estados Unidos, onde vivi com meu primeiro marido, o pai do meu querido Arthur. Mas, como acontece em muitas histórias de juventude, aquele relacionamento durou apenas alguns anos e terminou. Deus, no entanto, em Sua infinita bondade, me deu uma segunda chance de construir uma família e trouxe o Thiago para minha vida. Ao lado dele, resgatei a esperança e renovei a força da fé. Minha família cresceu com a chegada de mais dois filhos, a Joanna e o Enrico.

Preciso, no entanto, ser honesta: nem tudo na nossa vida foi como um conto de fadas. Enfrentamos, como casal, uma série de dificuldades. Uma das provações mais intensas foi lidar com a séria condição cardíaca da nossa pequena Joanna logo após seu nascimento. Em solo americano, nossa menina corajosa encarou várias cirurgias e longos períodos no hospital. Apesar da angústia e do medo que nos acompanhavam, foi exatamente nesse tempo desafiador que minha fé se mostrou mais firme e forte do que nunca.

No meio da tempestade que era nossa vida, Jesus se tornou meu porto seguro, a luz que me guiava e trazia esperança para seguir em frente.

Cada momento difícil se tornou um testemunho da força, da fé e da presença constante de Deus, ensinando-me a confiar e a encontrar paz mesmo nas horas mais turbulentas. Foi uma época de profundo crescimento espiritual, em que aprendi que a esperança e a graça podem florescer mesmo nas circunstâncias mais adversas.

Esse tempo foi de muita aprendizagem. Cada desafio enfrentado me ensinou sobre a força do amor, da resiliência, da fé e da importância de confiar na jornada que Deus traçou para nós.

Hoje, olhando para o passado, entendo que a condição de saúde da Joanna e o impacto do seu diagnóstico foram um marco em minha vida. Parecia que Deus estava tocando minha alma diretamente, revelando que havia propósitos maiores por trás de tudo. Imagine o coração de um pai e de uma mãe diante das dificuldades de saúde de uma filha tão amada. Curiosamente, em vez de me sentir revoltada, naquela situação de muita fragilidade, o que senti foi a presença e a força de Deus de uma maneira ainda mais tangível e real em nossa família. Passar por esse processo nos amadureceu e nos uniu, tornando-nos mais fortes.

Diante dessa experiência tão intensa, porém, eu ainda hesitava em me entregar completamente a Deus. Foi necessário tempo, reflexão verdadeira, muitas orações e estudo das Escrituras. Quando finalmente abracei minha identidade em Deus e abandonei o passado, tudo na minha vida se transformou. Essa mudança foi tão profunda que, em apenas seis anos como membros e servos ativos da igreja de Jesus, meu marido e eu fomos surpreendidos por Deus com nossa consagração pastoral, uma honra e responsabilidade enormes que abraçamos com todo o coração. Nunca poderia ter imaginado o que Deus tinha planejado para nós, algo que estava muito além dos meus maiores sonhos.

É realmente fascinante refletir sobre como a vida nos molda e a fé nos transforma. Na minha juventude, eu era conhecida pela impulsividade e pela agitação. Hoje, olhando para trás, vejo claramente como Deus me protegeu, mesmo nos momentos mais arriscados da adolescência. Fica evidente que Ele tinha um plano grandioso para mim. Em cada etapa da minha vida, posso ver como Sua mão poderosa esteve presente, guiando-me, moldando e transformando-me na mulher que sou atualmente.

Recebo essas mudanças com humildade e muita gratidão.

Se você, mulher, está se sentindo perdida ou distante do seu verdadeiro propósito, envolvida demais nas turbulências do mundo ou atravessando um período difícil, quero encorajá-la: volte para Jesus e peça a Deus que guie você. Quando comecei a me aproximar da vida cristã, eu mesma clamei por mansidão, pois vivia um verdadeiro turbilhão de emoções. Minha busca por uma transformação interna foi sincera, e Deus, em Sua infinita graça, atendeu a esse desejo. Ainda que eu preserve minha alegria e meu entusiasmo pela vida, hoje sou conduzida por uma paz e serenidade interiores que só posso atribuir à intervenção divina, que é o verdadeiro fruto do Espírito.

Aos poucos, fui encontrando meu caminho. Antes de me converter a Jesus, eu já havia me formado em gastronomia na prestigiada escola Le Cordon Bleu, nos Estados Unidos, e decidi me dedicar cada vez mais a essa área. Durante minha infância, eu enxergava tanto as refeições preparadas por minha mãe quanto as vezes em que compartilhamos a mesa em restaurantes de que meu pai gostava como a manifestação mais concreta do amor de Deus por nós. A cozinha e a mesa se tornaram, para mim, uma espécie de refúgio e harmonia. Por isso, até hoje, cada vez que arrumo cuidadosamente a mesa e preparo a comida para minha família e amigos, sinto uma conexão profunda com aqueles momentos do meu passado.

Essa onda de memórias e emoções me envolve agora mesmo, enquanto conto para você um pouco da minha história. As cores, os sabores, as texturas e, sobretudo, a paixão por servir alimentos preparados com amor são manifestações divinas em minha vida. A organização, que eu tanto ansiava em minha juventude, encontrou um lar na precisão e na ordem da culinária.

Na Igreja Lagoinha, nos Estados Unidos, senti imediatamente a acolhida de Deus. No seio dessa comunidade, encontrei muito mais do que um propósito; descobri uma verdadeira vocação: levar a Palavra a outras mulheres, como você.

Essa mudança foi profunda, impactando não só meu interior, mas também minha maneira de se expressar, meu rosto, meu vocabulário – tudo em mim passou por uma verdadeira transforma-

ção! Era como se estivesse voltando ao desígnio original que Deus tinha para a minha vida. Assumir o papel de pastora ao lado do meu marido nunca foi um plano meu, mas aprendi que os planos de Deus são surpreendentes e, muitas vezes, bem diferentes dos nossos – e sempre melhores!

Cada passo dessa jornada me mostrou que, quando estamos alinhados com a vontade divina, a vida pode nos levar a destinos incríveis e inesperados. Isso me fez entender que, muitas vezes, as maiores bênçãos estão nas surpresas que Deus prepara para nós, ainda que distantes de nossos próprios planos e expectativas.

Thiago sempre foi meu pilar. Seu espírito empreendedor, sua determinação e sabedoria, seu amor e sua fé são fontes constantes de inspiração. Ele tem uma habilidade divina de lidar com pessoas. Juntos, conseguimos acolher com carinho todas as pessoas que Deus nos direciona, mostrando o amor de Cristo por meio de cada gesto e palavra. O amor divino se tornou um farol em nossas vidas, iluminando minha missão e fortalecendo a conexão com Deus e com as pessoas à nossa volta.

Um novo teste de fé surgiu, no entanto, quando descobrimos o câncer de intestino de Thiago. Aquilo parecia um golpe baixo, considerando tudo o que já havíamos enfrentado com a Joanna até sua plena recuperação. Mas, novamente, Deus mostrou Sua graça, e meu marido foi curado sem a necessidade de tratamentos adicionais após a cirurgia. Um maravilhoso milagre em nossas vidas e uma grande oportunidade de ficarmos ainda mais unidos.

No início de 2023, Deus nos enviou de volta ao Brasil, para passar um tempo, depois de vários anos vivendo nos Estados Unidos. Essa foi uma surpresa para muitos, pois tínhamos uma vida estabilizada naquele país, assim como as crianças, que nasceram e sempre estudaram por lá, e tinham o inglês como sua primeira língua. O chamado divino, no entanto, é forte, e sabíamos que havia algo especial reservado para nós em nossa terra natal. A prosperidade que vivíamos nos Estados Unidos era maravilhosa, mas a verdadeira riqueza está em obedecer à vontade de Deus e estar exatamente onde Ele quer que estejamos. Assim, decidimos nos estabelecer em Alphaville, em São Paulo, onde servimos na Igreja Batista Lagoinha como pastores de modo voluntário, na área em que o Senhor nos confiou os Seus dons.

Sinto que meu caminho foi trilhado por Deus desde o início. Seja na escolha da gastronomia, em nossa igreja, nos estudos que realizei no seminário teológico e na área de *coaching* e inteligência emocional, no cuidado com as pessoas e com minha família. Vejo que meus talentos e paixões se entrelaçam de forma divina, trabalhando juntos para um propósito maior. Cada obstáculo, cada desafio e cada vitória me preparou para este momento. E, enquanto caminho nessa nova jornada, mantenho a fé e a confiança de que Deus tem planos infinitos.

Fortaleça sua identidade em Deus

Por tudo isso, querida mulher, acredite: o entendimento sobre quem você é diante de Deus é essencial para fortalecer sua essência e transformar sua jornada. Ao reconhecer sua identidade em Deus, você encontrará confiança diante de qualquer dificuldade para se tornar um pilar de amor e compreensão no centro de seu lar, para ser guiada pelos princípios divinos em todas as áreas da sua vida: seja nos relacionamentos, na saúde, no trabalho ou nas finanças.

Seu papel como mulher é inestimável. Nunca subestime sua importância e sua comunhão e conexão espirituais. Deus, em Sua onisciência, conhece todos os detalhes da sua existência, antes mesmo de você nascer. Ao reconhecer a si mesma como a imagem e a semelhança do Criador, você perceberá que possui um propósito maior e uma identidade fundamentada no amor divino.

Ao começar a escrever este livro, algumas vezes me peguei pensando em como minha mãe, com toda sua insistência para que eu seguisse uma carreira "tradicional" e distante da gastronomia, ficaria maravilhada ao ver como Deus usou meu amor pela cozinha e pela mesa para servir a tantos! Embora eu não tenha retornado ao mercado de trabalho formal nessa área, sinto que estou exatamente onde deveria estar, usando os dons que Ele me deu para fazer a diferença na vida de tantas pessoas da minha igreja — e com este manual espero fazer também na sua!

Capítulo 2
VOCÊ RECEBEU DE DEUS UMA MISSÃO

{ *A mulher que tem sua identidade firmada em Deus é confiante e não teme o futuro.*

MULHER, VOCÊ JÁ PAROU PARA PENSAR que recebeu de Deus a missão de cuidar, proteger e amar seu lar? Isso não é apenas sobre paredes e móveis, nem mesmo sobre gastronomia, mas sobre criar um espaço sagrado, no qual a paz reine verdadeiramente. Nesse ambiente de serenidade, você verá o amor florescer de maneiras que nunca imaginou!

Se no passado eu permitia que rótulos me diminuíssem, hoje assumo minha verdadeira identidade como filha de Deus. Cada desafio, cada dor, cada alegria e cada lágrima me trouxe para mais perto do meu propósito divino. A fé desempenha um papel primordial nesse processo e, por meio dela, aprendi sobre perdão, redenção e humildade, sempre buscando crescer e amar, merecedora de toda a graça do Senhor. É essa mesma realização que desejo a você, mulher, e espero que os ensinamentos deste livro façam acender a essência divina que reside dentro do seu coração.

Portanto, abrace sua identidade como filha de Deus e deixe essa verdade transformar sua vida e a vida de todos ao seu redor. Posicione-se! Você, querida mulher, é a resposta da oração para alguém. Existem pessoas clamando pelo seu posicionamento! Permita que Deus guie seus passos e desfrute a maravilhosa jornada de descobrir sua real identidade.

Deus espera que você viva uma vida de integridade e santidade, refletindo o caráter de Cristo em todas as áreas da sua vida. Ele a convida a buscar a sabedoria e o conhecimento em Sua Palavra, permitindo que ela seja a bússola que guia seus passos. Ao mergulhar nas Escrituras, você descobrirá as verdades eternas que moldam sua identidade como mulher de fé.

Lembre-se sempre da importância significativa que você tem, seja como esposa ou como namorada, mãe, amiga, profissional e serva de Deus. Em cada um desses papéis, Deus espera que você seja um exemplo vivo de amor, de graça e de compaixão. Seja a esposa que apoia e encoraja seu marido, a mãe que educa e cuida dos seus filhos com base nos princípios divinos, a amiga que oferece suporte e encorajamento genuínos, a profissional que age com integridade e excelência e a serva de Deus que utiliza seus dons para a glória Dele.

Deus não quer que você se sinta sobrecarregada nem pressionada a atender a todas as expectativas que vêm de fora. Ele conhece suas capacidades e seus limites; você pode fazer tudo, mas não é necessário que faça ao mesmo tempo. O que Ele realmente deseja é que você encontre paz e confiança n'Ele. Ele é seu provedor, conselheiro e protetor. Ao entregar sua vida a Deus, Ele a capacita para cumprir o propósito para o qual você foi criada, e isso é algo verdadeiramente maravilhoso.

Assim, em meio às múltiplas facetas da sua vida, busque equilíbrio e sabedoria em Deus, permitindo que Ele guie cada passo do seu caminho e ilumine cada decisão que você tomar. É nesse relacionamento íntimo com o Pai que você encontrará força e direção para ser tudo o que Ele planejou para você.

Em sua jornada em direção à descoberta da própria identidade, lembre-se de que você não está sozinha, pois Deus prometeu estar ao seu lado em todos os dias da sua vida. A verdadeira força de uma mulher está em sua fé em Deus!

DESCOBRINDO SUA IDENTIDADE: EXERCÍCIOS PARA REFLEXÃO E CRESCIMENTO

Quero compartilhar alguns exercícios que me ajudaram e continuam me auxiliando na caminhada de fortalecer minha identidade, mas primeiro desejo dividir com você o que fiz depois que tive um encontro com Deus e entendi que Ele havia escrito uma história para mim e que eu não deixaria de viver nada do que escreveu.

* Escolhi uma igreja para fazer parte.
* Comecei a servir na igreja e em ação social.
* Mantive uma rotina diária de orar e fazer devocional da Bíblia.
* Fiz vários cursos bíblicos, inclusive seminário teológico.
* Submergi em uma jornada de cursos de inteligência emocional.
* Li toda a Bíblia.
* Li muitos livros bíblicos, de inteligência emocional, além de histórias de superação.
* Participei de reuniões semanais para estudarmos a Bíblia (grupos de crescimento).
* Fiz alguns retiros espirituais.
* Passei a assistir a pregações diariamente.

Agora apresento alguns exercícios pessoais, com o intuito de guiá-la nesse processo de descoberta da sua essência feminina. Eles combinam práticas de reflexão espiritual com dinâmicas de autoconhecimento, ajudando você a reconhecer e a valorizar a maravilhosa criação que é aos olhos de Deus. Tenho certeza de que, ao se dedicar a essas atividades, sua conexão com o Criador será fortalecida e sua compreensão sobre sua própria identidade se aprofundará. Comece devagar, mas com persistência, e celebre a descoberta do ser único e especial que você é!

1. CARTAS PARA DEUS

Entender o que Deus pensa sobre nós é a maneira mais profunda de descobrir a nossa verdadeira identidade. É por isso que eu encorajo você a começar lendo as palavras que o Pai Celestial lhe deixou na Bíblia. Lá, Ele revela Seus pensamentos a seu respeito, falando diretamente ao seu coração. Para ajudar você nessa descoberta, selecionei diversos versículos bíblicos que podem ser usados como ponto de partida. Escolha um a cada dia para meditar profundamente sobre o texto, deixando que a Palavra de Deus fale ao coração.

Além disso, sugiro que você escreva diariamente uma carta para Deus. Nela, compartilhe com Ele todos os seus anseios, suas preocupações, alegrias e conquistas. Esse exercício de reflexão e oração é uma maneira poderosa de fortalecer sua conexão com o Pai e de expressar tudo o que está no seu coração.

Ao adotar essa prática, você se abrirá para um diálogo íntimo com Deus, encontrando orientação, conforto e, sobretudo, um entendimento mais profundo da sua identidade em Cristo. Essa é uma jornada transformadora, que enriquecerá sua fé e trará novas perspectivas para sua vida.

VERSÍCULOS PARA MEDITAÇÃO

- Salmos 139,1-3
- Mateus 10,29-31
- Atos 17,28
- 1 João 4,16
- 1 João 3,1
- Mateus 7,11
- Mateus 6,31-33
- Salmos 139,17-18
- Jeremias 32,40
- Sofonias 3,17
- Jeremias 31,3
- Salmos 37,4
- Filipenses 2,13
- 2 Coríntios 1,3-4
- Apocalipse 21,3-4
- Isaías 40,11
- João 17,23
- 2 Coríntios 5,18-19
- Romanos 8,31-32
- Lucas 15,17
- Efésios 3,14-15
- Romanos 8,38-39

2. DEVOCIONAL DIÁRIO

Escolha um devocional da Bíblia no tema que você queira tratar, seja amor, casamento, fé, depressão, ansiedade, cura, entre outros. Reserve um tempo do seu dia, preferencialmente ao acordar. Antes de começar, ouça um louvor e faça sua oração. Escreva ao final o que você aprendeu. Você também pode encontrar esses devocionais no aplicativo da Bíblia on-line.

3. FAÇA PARTE DE ALGUM GRUPO DE MULHERES PARA ESTUDAR A BÍBLIA SEMANALMENTE

Convide algumas amigas para formar um grupo de estudo bíblico e compartilhamento. Escolha um livro da Bíblia para lerem juntas por vez. Em cada encontro, cada mulher pode compartilhar sobre o que ela aprendeu, além de histórias sobre momentos em que sentiu sua identidade ser desafiada ou fortalecida. Isso cria um ambiente de apoio e ajuda a entender que muitas de nossas adversidades e triunfos são universais. Por exemplo: uma amiga compartilha como se sentiu após o nascimento de seu primeiro filho, as incertezas e as alegrias, enquanto outra fala sobre o desafio de equilibrar carreira e vida pessoal.

4. COLAGEM DE IDENTIDADE

Tenha sempre um quadro com a vida dos seus sonhos atualizado. Exponha nele sonhos muito altos, pois todos serão realizados, uma vez que é Deus quem põe em nós o querer e o realizar. Olhe para esse quadro todos os dias de sua vida. Tire uma foto e a use como plano de fundo no seu computador.

Você pode adicionar também algumas frases de encorajamento nele.

5. ESTUDO BÍBLICO DE MULHERES NOTÁVEIS
Selecione algumas personagens femininas da Bíblia e estude suas histórias.

Concentre-se no que elas podem lhe ensinar sobre identidade, propósito e resiliência. Mulheres como Ester, Rute, Débora e Maria têm muito a ensinar. Por exemplo: ao estudar a vida de Ester, você reflete sobre sua coragem, sua obediência, como ela usou sua posição para fazer o bem. Anote o que aprendeu e como aplicar essas inspirações em sua vida.

6. CARTA AOS EFÉSIOS
Leia e medite nesse livro da Bíblia. A carta aos Efésios enfoca a sua identidade de escolhida por Deus, de filha de Deus, criada para boas obras e chamada para imitar a Deus em amor e santidade por meio de Jesus Cristo. Os ensinamentos dela vão moldar sua identidade e ensiná-la a ter um relacionamento com Deus.

7. DESAFIO DE AFIRMAÇÃO
Comece cada dia, durante um mês, com uma afirmação positiva sobre si mesma. Baseie essas afirmações em versículos bíblicos, valores pessoais ou qualidades que você admira.

Por exemplo: "Sou uma criação preciosa de Deus e tenho um propósito divino", baseado em Efésios 2,10, "Pois somos feitura Dele, criados em Cristo Jesus para boas obras".

Faça uma lista de versículos de afirmação sobre sua vida e declare-a no espelho diariamente.

8. SEPARE ALGUM TEMPO DO SEU DIA PARA CUIDAR DE VOCÊ
Separe nem que seja trinta minutos do seu dia para ter um tempo somente para você. Frequente a academia, pratique algum esporte, tome um café com alguma amiga, leia um livro, faça as unhas e o cabelo, entre outras atividades que julgar prazerosas.

Ao realizar esses exercícios, você pode encontrar novas perspectivas sobre si mesma, reforçando sua identidade em Cristo e como mulher. Eles são ferramentas poderosas para reflexão e crescimento pessoal.

Capítulo 3
O VALOR INESTIMÁVEL DO SEU LAR

{ *O lar é o reflexo do coração da mulher que o cria.* }

VAMOS IMAGINAR UM CENÁRIO JUNTAS. Suponha que você perdeu um anel especial, de brilhante e repleto de significado. Aposto que sua busca por ele seria incessante, com uma mistura de desespero e esperança. Mas, e se fosse um anel simples, sem muita importância? Provavelmente, a procura não seria tão intensa. Nossas ações, em geral, são movidas pelo valor que damos às coisas, e com nosso lar não é diferente.

Se eu perguntar agora: "O que é mais precioso para você?", tenho certeza de que muitas responderão: "Minha família". Então, por que, muitas vezes, nossas atitudes parecem não corresponder a esse sentimento?

A vida nem sempre é feita de bons momentos, e muitas de nós não tiveram a oportunidade de crescer em um ambiente acolhedor e cheio de amor. Ao contrário, muitas foram rejeitadas e abusadas quando mais precisavam de proteção e amor no lugar mais importante: o lar. Como consequência, essas experiências passadas podem fazer que uma mulher se sinta insegura ou até mesmo distante da ideia de lar e família. Adicionalmente, muitas vezes, a sociedade pressiona com ideias de independência e autonomia, afastando-nos da essência de sermos as guardiãs do nosso lar. Essa busca externa por reconhecimento pode nos fazer esquecer a riqueza e a importância dos momentos simples e cotidianos dentro de casa.

Por isso, querida mulher, eu declaro em nome de Jesus que, enquanto estiver lendo este livro, você será curada, todo seu passado será ressignificado e sua visão sobre lar e família será restaurada, pois o lar é o refúgio dos nossos corações! Ele vai muito além das paredes que nos abrigam. É onde cultivamos amor, memórias e conexões profundas. Mais do que qualquer estrutura física, o lar é feito de emoções, lembranças e momentos compartilhados. Um lar não é medido pelo tamanho ou pelo valor que ele tem no mercado imobiliário, mas pela quantidade de amor e cuidado presente em suas paredes. Portanto, você deve valorizá-lo, cuidar dele e reconhecer a preciosidade que representa em sua vida.

Você já parou para pensar no que Jesus faz no Céu?

Certo dia, enquanto eu compartilhava um café com amigas, ocorreu-me um pensamento: "Seja feito na Terra como no Céu". Você já parou para pensar no que Jesus está fazendo no Céu? Ele está preparando um lar para nós (João 14,1-3), enquanto aguardamos o grandioso banquete do Cordeiro (Apocalipse 19,9). Com isso, quero dizer que precisamos refletir esse Céu aqui mesmo, na Terra. Sermos servas boas e fiéis com aquilo que nos foi confiado (Mateus 25,21), nosso lar terreno, até que chegue o dia de desfrutarmos da casa do Pai.

Você é a maior influenciadora do seu lar!

Sei que a agitação da vida moderna, ocasionalmente, puxa-nos em tantas direções diferentes – às vezes é mesmo de enlouquecer. Temos sonhos de carreira, independência e outros objetivos externos igualmente valiosos e compreensíveis. No entanto, você sabia que Deus nos vê como as maiores influenciadoras de nossos lares? Você pode perceber que, quando está estressada, todos em casa ficam agitados da mesma forma. Se temos o poder de acalmar um ambiente agitado, isso se dá pelo fato de você ter o poder de influenciar seu lar. Sim, independentemente das conquistas e dos desafios externos, temos um

papel especial, que nos foi confiado, para criar e manter um ambiente de paz e amor dentro de nossas casas.

Seu lar é um presente, uma criação divina. Lembra-se da história do Jardim do Éden? Antes mesmo de criar Adão e Eva, Deus já havia preparado um lugar perfeito, repleto de provisões. Ele cuidou de cada detalhe, cada pedacinho, pensando em cada necessidade que Adão e Eva poderiam ter, para que nada lhes faltasse.

Ao longo da história, a mulher tem sido frequentemente reconhecida como o coração do lar. E por uma boa razão: você tem uma influência sobrenatural que transforma espaços em ambientes aconchegantes, que acolhe, que compreende e que conforta. Nós, mulheres, somos chamadas por Deus para transformar nossos lares em verdadeiros santuários, em que o amor, o cuidado e as necessidades de cada membro da família possam ser atendidos. Nosso lar é o jardim onde os valores são plantados e cultivados. É o espaço no qual crescemos juntos, aprendendo, amadurecendo e nos apoiando sempre que preciso. É dentro de casa que os momentos de alegria e de disciplina se entrelaçam, formando a base para uma convivência equilibrada e enriquecedora.

Não estaremos preparadas para todas as situações, mas o Senhor nos capacita. Certo dia, o Enrico, meu filho mais novo, agiu de um modo com o qual eu não sabia lidar. Então, orei e disse ao Espírito Santo: "Eu não tenho capacidade para resolver essa situação, se eu usar a experiência de que disponho do meu passado, minhas atitudes não serão saudáveis. Preciso de uma estratégia". Prontamente, Deus respondeu em meu coração e tudo saiu bem. Você pode perceber que a Graça e a Misericórdia de Deus nos acompanha sempre.

Na realidade, Deus tem todas as informações minuciosas de que precisamos para construirmos nossa casa. Ele escreveu uma história para você e deseja que viva tudo, mas, para receber essas instruções detalhadas, você precisa "subir o monte" e buscar a Deus. Vemos isso quando lemos Êxodo, capítulo 25, em que Moisés, no topo do monte, recebe de Deus as coordenadas para ele construir a casa onde Deus habitaria pela primeira vez. Se você parar para pensar, Deus deu informações precisas porque não queria que Moisés usasse nenhuma informação das casas do Egito. Ou seja, não use as experiências traumáticas que você experimentou no passado para construir sua casa atual.

Busque em Deus as instruções para construir sua casa hoje! Não projete nos seus filhos e no seu marido seus traumas anteriores nem impeça que eles vivam os planos de Deus por sua causa. Não construa sua casa com o padrão do Egito.

Mantenha seu foco no que realmente importa
O sobrenatural se esconde no ordinário.

Nunca subestime o poder de pequenos gestos que facilitam a rotina. Eles são a representação tangível do seu amor e cuidado. O verdadeiro valor do lar não está em objetos ou luxos, mas na atmosfera de afeto e compreensão que você cultiva diariamente. Mantenha seu foco no que realmente importa: criar um refúgio de paz, carinho e harmonia para todos os que você ama. O importante é lembrar que o sucesso que conquistamos fora de casa nunca poderá compensar uma falha dentro dela. O lar é onde o amor encontra seu lugar mais seguro, e você, querida mulher, é a guardiã dessa preciosidade.

A energia e o afeto que você coloca em sua casa refletem diretamente em cada cantinho dela. E o sobrenatural acontece quando conseguimos transformar um espaço comum em um local repleto de risadas e aconchego.

Transforme seu lar
Então, que tal se comprometer a tornar seu lar um espaço de reconhecimento e de cuidado? Um lugar onde cada pessoa se sinta vista

e valorizada? Você pode fazer isso! Agora, você pode estar pensando: "Certo, Isa, mas como faço isso?". A primeira chave para a transformação, como eu já disse lá no início, é Jesus. Ao nos conectarmos com Ele, acessamos o amor puro e genuíno de Deus. Então, tenha sempre como prioridade a conexão com Jesus. Acorde ouvindo louvores, orando (orar é conversar com Deus), tire nem que seja trinta minutos por dia para ler a Bíblia. Jesus quer revelar os planos que Ele tem para sua casa, querida mulher!

A segunda chave é estabelecer a paz em nossa casa. Comece por você, pois, quando mudamos, tudo à nossa volta também muda. Abaixe seu tom de voz em casa, tenha comportamentos amáveis e acolhedores, ouça mais e fale menos. Seja apaziguadora! Se você se exceder, volte e peça desculpas. Seja sempre intencional ao criar uma atmosfera de paz dentro do seu lar com louvores. Limpe e organize toda sua casa.

Dessa maneira, acessamos a terceira chave, que é o amor.

> *O amor é paciente, o amor é bondoso. Não inveja, não se vangloria, não se orgulha. Não maltrata, não procura seus interesses, não se ira facilmente, não guarda rancor. O amor não se alegra com a injustiça, mas se alegra com a verdade. Tudo sofre, tudo crê, tudo espera, tudo suporta.*
> – 1 CORÍNTIOS 13,4-7

O ambiente da nossa casa tem o poder sobrenatural de influenciar como nos sentimos, pensamos e até como nos relacionamos com os demais. Quando o lar é preenchido com amor e paz, tudo parece estar em sintonia. Por outro lado, a falta desses elementos pode criar um clima de tensão e desconforto.

Mulher, pense nas vezes em que você tentou expressar seu amor, seja para seus filhos, seja para seu marido, mas o ambiente estava carregado de discussões e sentimentos negativos. Quantas vezes encontramos em lares, em vez de amor e carinho, situações de desprezo e críticas? A triste verdade é que o lar, que deveria ser um refúgio de acolhimento, muitas vezes se torna um campo de batalha.

    Não importa quão profundo seja seu amor; se ele é transmitido em meio ao caos, pode não ser compreendido do modo como você deseja. O amor tem uma linguagem, e a paz é sua maior tradutora. Se você passar o dia em conflito com seu filho e, ao final da noite, dizer que o ama, a mensagem pode se perder, não é? O mesmo acontece com seu parceiro. Mesmo com todos os gestos de carinho, as palavras negativas podem ofuscar esse afeto.

Pequenos gestos para um lar harmonioso

Sei bem como é se sentir perdida no meio da agitação do dia a dia, sem saber por onde começar. Mas, acredite, mesmo que tudo pareça confuso, sempre há um jeito de colocar as coisas em ordem.

    Que tal começar com uma tática simples? Pegue um papel e faça uma lista daquilo que a está incomodando ou tirando sua tranquilidade. Pode ser aquela gaveta bagunçada, o eletrodoméstico que parou de funcionar ou até mesmo uma situação não resolvida. São esses pequenos detalhes que, quando acumulados, podem tornar o ambiente pesado e pouco aconchegante. Embora pareçam simples, esses mínimos ajustes podem fazer uma grande diferença no ambiente e no nosso bem-estar. Você não precisa fazer tudo de uma vez, mas deve se comprometer a eliminar itens da sua lista, um após o outro, e quando menos perceber terá realizado cada um deles.

Eu entendo que, em geral, queremos oferecer o melhor para nossos filhos, seja uma boa educação, seja passeios divertidos. Mas saiba: o que eles mais valorizam não são apenas presentes ou coisas materiais. Não adianta prover o melhor externamente para nossos filhos se, em casa, prevalece o caos. O que eles precisam, na realidade, é sentir a paz para compreender o amor.

Eles percebem e valorizam, ainda que não expressem, o afeto genuíno em um ambiente tranquilo e acolhedor. Então, antes de dizer "eu te amo" na hora de dormir ou de mandar para o colégio, que tal garantir que seus filhos sintam esse amor em cada canto da casa?

Como criar um ambiente de paz

Agora, você pode estar se perguntando: "Isa, o que mais eu posso fazer para criar esse ambiente de que você tanto fala?". Aqui estão três dicas simples e fundamentais que separei especialmente para você.

1. Cuide das pessoas que entram na sua casa: Preste atenção às pessoas que você convida para dentro do seu lar. O comportamento delas influencia o ambiente, então tenha por perto apenas as pessoas que, de fato, compartilham bons sentimentos. Ninguém tem autoridade para entrar na sua casa e provocar algum tipo de caos. Se por acaso alguém chegar e fizer você brigar com seu marido ou com seus filhos, ou gerar algum estresse, essa pessoa não é bem-vinda no seu lar.

2. Reduza ruídos e a quantidade de influências externas: Diminua o volume da TV, para que ela não domine o espaço. Evite que portas sejam fechadas com força ou que haja gritaria à mesa das refeições. Discussões? Tente evitá-las, sobretudo na frente das crianças, pois elas aprendem pelo exemplo. Tome cuidado com o que vocês ouvem e assistem dentro do lar. Qualquer informação externa que prejudique a paz e provoque agitação deve ser evitada.

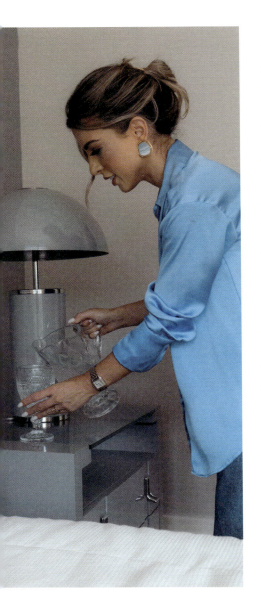

3. Mantenha a organização: A organização gera paz; já a falta dela promove caos. Mantenha as coisas em bom estado e tudo em seu devido lugar. Isso evita o estresse de procurar itens perdidos, por exemplo. Garanta, também, que nada de essencial falte, especialmente os itens básicos do dia a dia. Pode ser uma toalha limpa, um sabonete perfumado para o banho, fronhas e lençóis sempre limpos. Itens quebrados ou que não usa mais? Conserte ou desapegue! Você já ouviu a palavra *"shalom"*? Ela representa uma paz total, onde tudo está em equilíbrio. Pense nela ao arrumar sua casa. Organize a bancada da cozinha, mantendo-a limpa, e evite acumular coisas desnecessárias, pois o excesso é sinônimo de confusão. Não guarde nada quebrado, cuide para que não faltem os itens essenciais e preserve tudo no lugar.

Celebre momentos especiais

Tomemos a lição da relação entre Davi e Mical. Durante a celebração do retorno da Arca da Aliança, o rei Davi foi recebido pela esposa, Mical, com desdém em vez de alegria. Ela o censurou por ter dançado publicamente durante o evento, o que causou grande tristeza no marido. De acordo com diversos estudiosos da Bíblia, Mical passou o restante de seus dias no palácio de Davi, sem o título de rainha nem o afeto do esposo. Esse momento revelador nos ensina a importância de valorizarmos e celebrarmos os momentos felizes e significativos dos nossos entes queridos.

Celebre momentos grandes ou pequenos! Pode parecer insignificante para você, mas para quem vive aquele momento a celebração pode significar o mundo.

Imagine como você se sentiria se, após um dia cheio, alguém reconhecesse seu esforço e a recebesse com um sorriso caloroso e com palavras de apreciação? E no seu aniversário, se mesmo sem uma festa recebesse um lindo presente manifestando como você é especial e querida? Por isso, comemore sempre as pequenas conquistas.

Seu filho tirou uma boa nota? Seu marido teve um dia de sucesso no trabalho? Celebre! Não precisa ser algo grandioso, mas reconhecer os momentos de felicidade fortalece os laços. Preparar uma sobremesa diferente, por exemplo, e parabenizar seus queridos durante o jantar pode representar muito para eles! Lembre-se sempre de que a vida é feita de pequenos momentos. E, ao valorizar esses instantes, você não só fortalece os laços com sua família, mas também cria memórias que vão durar uma vida inteira.

Demonstre também empatia, quando algo não sair como o esperado. Mesmo que você não compreenda bem a situação ou compartilhe da mesma paixão, mostre seu apoio. Às vezes, o que as pessoas mais desejam é alguém que as ouça com atenção. Reserve um tempo para ouvir sobre o dia a dia de seus familiares, seus sonhos, medos e suas realizações. Busque sempre acolher, compreender e celebrar.

Assim, seu lar será não apenas uma casa, mas um refúgio de amor e união. **O diabo muitas vezes não consegue roubar nossas conquistas, então ele rouba nossa celebração. Vamos celebrar e agradecer! Vamos contemplar a vida maravilhosa com a qual Deus nos presenteou!**

Cada membro da família tem seu papel

Quero dizer a você, mulher, que ser o coração do lar não significa carregar sozinha toda a responsabilidade. Deus não quer que você sinta que tem um fardo nas costas. Ser o coração do lar significa que sua paz e seu amor devem prevalecer em cada cantinho da casa, pois assim eles serão sentidos por todos. Entenda que o cuidado e o carinho são essenciais para manter a família unida. É fundamental lembrar que cada membro da família tem um papel a desempenhar na manutenção desse ambiente. Enquanto a mulher pode ser o coração, cada pessoa contribui de maneira única para criar uma casa cheia de amor. Você pode ser o coração pulsante, mas é a união de todos que torna o lar um lugar realmente especial. Mais adiante, falarei mais sobre o papel de cada membro da família.

> ### A DIFERENÇA ENTRE INSTRUÇÃO, PRINCÍPIO E VALOR
>
> Querida mulher, é importante entender a diferença entre três conceitos fundamentais: instrução, princípio e valor. Vamos explorar o significado de cada um para que você possa aplicá-los na sua vida e em seu lar.
>
> Se por um lado a instrução é o ensinamento ou a orientação que recebemos, seja pela educação, pela Bíblia ou pelas experiências da vida, princípio, por outro lado, refere-se às bases ou às verdades fundamentais que guiam nosso comportamento e nossas decisões. Já o valor é a importância, a qualidade ou o mérito que atribuímos a algo ou a alguém em nossas vidas.
>
> Quando estabelecemos princípios divinos em casa reconhecendo o senhorio de Deus, levantamos o altar para Ele, e o altar define trono, e trono define governo. Então, reflita: quem tem governado sua casa? Deus tem sido o governante do seu lar?
>
> Quando Deus governa nossa casa, Ele traz harmonia, amor e direção para nossas vidas. Ele se torna o centro de tudo o que fazemos e decidimos. Isso

não significa apenas seguir regras; significa viver uma vida guiada pelos princípios e pelos valores ensinados por Deus, refletindo o amor e a graça d'Ele em cada aspecto do nosso cotidiano.

Então, eu a encorajo a meditar sobre isso. Pergunte-se: "Estou permitindo que Deus governe o meu lar? Estou construindo um altar para Ele em meu coração e na minha casa?". Tenha certeza de que essas reflexões a guiarão em direção a uma vida mais plena e alinhada com a vontade divina.

INSTRUÇÃO

Pense na instrução como um guia passo a passo para uma tarefa específica. Por exemplo, a receita de um bolo não nos ensina a baixar um aplicativo no celular. Se seguirmos a instrução à risca, provavelmente obteremos o resultado desejado, mesmo que não entendamos a fundo o processo.

PRINCÍPIO

Já os princípios são como bússolas universais que podem nos guiar em diversas áreas da vida. São como os diamantes: preciosos, constantes e indestrutíveis.

Quando escolhemos viver de acordo com princípios, eles se tornam uma parte integral de nós, protegendo nossa integridade.

Por exemplo, vamos pensar em uma situação comum para muitas de nós, mulheres: você é uma mãe que sempre prioriza a honestidade. Um dia, seu filho lhe pede que minta na reunião da escola sobre algo que ele fez. Mesmo sob pressão e o amor maternal, seu princípio de honestidade a guia para tomar uma atitude correta, reforçando a importância da verdade para seu filho.

> **VALOR**
> Os valores são mais pessoais e podem ser influenciados por fatores externos, como cultura, tempo e circunstâncias. Porém, são alicerçados nos princípios. Imagine que você valoriza a moda sustentável. Isso pode ser resultado de um princípio mais amplo, como o respeito ao meio ambiente.

É fundamental que tenhamos princípios sólidos, como amor ao próximo e o temor do Senhor, pois eles sustentam nossos valores, especialmente em momentos de desafio. Quando nossos valores são desafiados, é o nosso compromisso com esses princípios que nos mantêm firmes.

Princípios fundamentais estão em harmonia com nossa essência divina, espiritual e perfeita. Eles guiam a formação de valores essenciais, como integridade, justiça, compaixão e respeito. Cada mulher tem seus próprios valores que guiam suas atitudes e suas escolhas. Por exemplo, se você vive pelo princípio da generosidade, naturalmente valorizará atitudes como gentileza e compaixão, porque sabe que boas ações geram bons resultados.

Ter princípios divinos em nosso coração não quer dizer perfeição. Todos nós erramos. Mas a presença desses princípios nos leva a buscar a redenção, a honestidade e a justiça, porque entendemos sua importância.

Lembre-se: viver por princípios é libertador e tem tudo a ver com a essência de cada mulher. Sejamos fiéis a eles e eles nos guiarão pela vida!

Capítulo 4
O PRINCÍPIO DA MESA

{ *O lar nos molda, mas a mesa nos conecta.*

ESSE FOI UM PRINCÍPIO que, ao ter o entendimento e começar a aplicá-lo, mudou completamente minha vida, meu relacionamento familiar e com meus amigos. Tudo mudou! Foi por meio desse princípio que Deus revelou o ministério que Ele tinha reservado para minha vida. Por isso, inicio este capítulo encorajando você, mulher, a abrir seu coração e a se preparar para receber a revelação do Céu sobre a mesa. Eu creio que Deus responde às nossas expectativas.

Pois bem, o cenário da mesa na sala de jantar ou na cozinha é uma imagem muito familiar para nós, não é mesmo? Mas, você mulher, já parou para pensar sobre o que essa mesa realmente representa?

A mesa, algo tão simples e tão presente em nossas vidas, é indiscutivelmente o lugar onde criamos as conexões mais profundas. Pare um momento e reflita: não são os amigos que se sentam à sua mesa as pessoas mais próximas a você? E as famílias que compartilham refeições juntas, não parecem ainda mais unidas?

Justamente por isso, a mesa não é apenas um móvel feito de madeira. Não é só um local para depositar nossos pratos e talheres. Mais do que isso, a mesa é um convite diário para compartilhar, conectar e criar laços. A mesa nos dá uma oportunidade única de viver momentos que vão além da rotina. Momentos que estabelecem afeto, fortalecem relações e criam memórias que serão carregadas no nosso coração e no de nossos queridos por toda a vida!

Você já parou para pensar em todas as memórias criadas ao redor da mesa? As conversas durante um jantar de família, os aniversários celebrados, os conselhos compartilhados e até mesmo as discussões que, mais tarde, se transformaram em aprendizados valiosos? Tudo isso ocorre ali, entre pratos, copos e talheres!

Mas por que será que isso acontece? Por que a mesa tem um significado tão profundo em nossas vidas?

Vou relembrar aqui para você a história de Moisés. Quando Deus transmitiu a ele as instruções para construir o lugar em que habitaria na Terra, o tabernáculo, Ele deu grande ênfase à construção de uma mesa. A Arca da Aliança, feita de madeira de acácia e revestida de ouro puro, seria o ponto central. E ali, entre os querubins, Deus encontraria Moisés. A seguir, Deus orientou a criação de uma mesa, também feita de madeira de acácia e ouro puro. Por incrível que pareça, ela tinha o mesmo padrão de medidas de uma mesa atual: 90 centímetros de altura, 45 centímetros de largura e 68 centímetros de comprimento. Não por coincidência, os mesmos materiais utilizados para construir a Arca da Aliança, madeira de acácia e ouro puro, foram os materiais utilizados para construir a mesa. Ele pediu que ela fosse toda preparada com pratos, tigelas, copos e bacias de ouro puro. Sobre essa mesa, os pães da presença seriam depositados.

> *Faça uma mesa de madeira de acácia; tenha dois côvados e meio de comprimento, um côvado e meio de largura e um côvado e meio de altura. Cubra-a de ouro puro e faça-lhe uma borda de ouro ao redor. Faça-lhe uma moldura de quatro dedos de largura ao redor e uma borda de ouro ao redor da moldura. Faça quatro argolas de ouro e pren-*

> *da-as nas quatro pontas dela, onde estão os quatro pés. As argolas serão colocadas perto da moldura para receberem as varas usadas para transportar a mesa. As varas serão de madeira de acácia e revestidas de ouro. Faça os pratos, as tigelas, os copos e as bacias para as ofertas derramadas, tudo de ouro puro. Na mesa ponha o pão da Presença, diante de mim, continuamente.*
> – ÊXODO 25,23-30

Esses versículos descrevem as instruções detalhadas para a construção da mesa do tabernáculo, incluindo materiais, dimensões, ornamentos e seu propósito.

Essa imagem nos leva à compreensão de que criamos conexões profundas porque o "pão da presença" está à mesa. E que presença seria essa? A presença de Jesus! (João 6,48). Ao nos reunirmos à mesa, estamos convidando Jesus para estar conosco. E, querida mulher, há algo mais poderoso do que a presença d'Ele? Preparar uma mesa, seja para a família, seja para os amigos, é como prepará-la para Jesus. "Tudo o que fizerem, façam de todo o coração, como para o Senhor, e não para os homens" (Colossenses 3,23). E todos que a desfrutam, desfrutam a presença e o amor divinos.

Contudo, é necessário reconhecer essa presença para, então, desfrutá-la. Ou reconhecemos e valorizamos a presença de Jesus na mesa, ou simplesmente a ignoramos e desperdiçamos essa preciosa oportunidade. A Bíblia nos mostra uma ocasião em que uma mulher pecadora reconhece a presença e a desfruta, e um fariseu ignora a presença e é repreendido por Jesus (Lucas 7,36-50).

Jesus é convidado para um jantar na casa de um fariseu chamado Simão. Quando Ele está à mesa, algo acontece (sempre que estamos à mesa com Jesus, algo acontece!). Pois bem, uma mulher "pecadora" (a Bíblia faz questão de especificar esse detalhe) vai até Jesus, que está à mesa e, levando um frasco de alabastro com perfume, chora aos pés de Jesus, lava Seus pés com suas lágrimas, enxuga-os com os cabelos, beija Seus pés e O perfuma!

Vemos claramente aqui um episódio de adoração, rendição, arrependimento. Tudo quando Jesus estava à mesa.

Reconhecendo Jesus à mesa, essa mulher não hesitou em entregar tudo o que tinha para honrá-lo e exaltá-lo. Simão fica indignado e chega a pensar: "Se este homem fosse profeta, saberia quem nele está tocando e que tipo de mulher ela é: uma pecadora". Mas Jesus ensina: "Quem muito é perdoado, muito ama". O que Jesus está fazendo naquele ambiente de mesa é muito mais do que dar uma lição de moral em Simão. Ele está aceitando uma mulher rejeitada pela sociedade! Ele está validando essa mulher, pois ela O reconheceu à mesa.

Jesus começa a descrever o que Simão deveria ter feito para recebê-lo, pois esse era o costume dos judeus quando recebiam alguém em sua casa, e compara a situação com o que a "mulher pecadora fez":

> *Você não me ofereceu água para lavar os pés, ela porém lavou meus pés com lágrimas e enxugou com os cabelos. Você não me recebeu com um beijo na face, ela porém desde que entrou não deixou de beijar meus pés. Você não ungiu a minha cabeça com óleo, mas ela ungiu meus pés com perfume.*
>
> *Os muitos pecados dela são perdoados, porque ela muito amou.*
> — LUCAS 7,44-47

Jesus está ensinando a todos ali que mesa não é lugar de hierarquizações, de achar que um é melhor do que o outro.

Interessante que Ele esperava de Simão que "desse água, não que lavasse", esperava "beijo no rosto, e não no pé", esperava "óleo na cabeça, e não perfume nos pés". Parece que Simão não fez o mínimo, somente O convidou para jantar!

Jesus está mostrando que não é somente O convidar para a mesa, mas valorizá-Lo! Simão achou que somente preparar o banquete e chamá-Lo já seria o suficiente, e Jesus está mostrando que você pode compor a mesa, mas não desfrutar a presença Dele se não O reconhecer à mesa.

Não se trata também apenas da mesa, mas de quem está nela! Aquele que se senta à mesa precisa reconhecer quem está nesse lugar.

Jesus está conosco todos os dias da nossa vida, mas só podemos desfrutar a manifestação sobrenatural da Sua presença quando a reconhecemos e a reverenciamos.

Jesus enalteceu aquela mulher, e a pecadora passou a ser a referência, pois é isso o que "sentar-se à mesa com Jesus", reconhecendo a presença Dele, realiza: cura da rejeição e perdão dos pecados!

O que se passou ali também deixou um legado, pois até hoje o ato dessa mulher é lembrado, independentemente do status que ela possuía. A mesa para Jesus nunca é em vão. Ou Ele se senta ou Ele a vira.

> *Jesus entrou no templo e expulsou todos os que ali estavam comprando e vendendo. Derrubou as mesas dos cambistas e as cadeiras dos que vendiam pombas, e lhes disse: "Está escrito: 'A minha casa será chamada casa de oração'; mas vocês estão fazendo dela um 'covil de ladrões'".*
> – MATEUS 21,12-13

A mesa a que você se senta aponta seu futuro

Vocês não podem beber do cálice do Senhor e do cálice dos demônios; não podem participar da mesa do Senhor e da mesa dos demônios.

> *"Tudo é permitido", mas nem tudo convém. "Tudo é permitido", mas nem tudo edifica.*
> – 1 CORÍNTIOS 10,21-23

A mesa a que você escolhe se sentar tem o poder de moldar seu futuro. Entendendo isso, precisamos ter cuidado ao fazer nossas escolhas no dia a dia. Existem três tipos de mesas que fazem parte do nosso cotidiano: a mesa da nossa casa, a dos amigos e a do nosso trabalho. Você já parou para analisar cada uma delas?

CASA

Na mesa do nosso lar criamos laços de amor e de confiança com nossa família. Reflita: Como está a mesa da sua casa?

> *Preparas-me uma mesa na presença dos meus adversários (inimigo), unges-me a cabeça com óleo; o meu cálice transborda.*
> – SALMOS 23,5

"Preparas-me uma mesa na presença do meu inimigo" é um ensinamento de Deus. E eu pergunto a você: quais são os inimigos da sua família hoje? Um problema financeiro? Um filho em dificuldades? Um casamento que não vai muito bem?

Lembre-se de que seus filhos estão na presença do inimigo todos os dias: na escola, ao sofrerem bullying, por exemplo. Talvez, eles não se sintam bons o suficiente porque foram mal em alguma prova ou não se sintam incluídos pelo grupo, e assim por diante. E eu indago: o que espera por eles ao chegarem em casa? Muitas vezes não há uma mesa, uma comidinha feita, a presença de um pai ou de uma mãe.

Em geral, encontram uma comida fria na geladeira, para ser aquecida no micro-ondas. A criança vai para o quarto com o celular para confortar o coração. Triste, não é? Acredite: é nessa hora que entra a pornografia e todos os males das redes sociais na vida dos nossos pequenos!

Com isso, querida mulher, quero dizer que a meta de Satanás não é fazer que cometamos grandes pecados e, sim, nos distrair para que percamos o foco do que é prioridade e minimizemos o valor do que realmente importa, como a mesa, colocando-nos cada vez mais para fora de casa. Dessa forma, ele destrói sutilmente as famílias. Ele sabe que uma família bem-sucedida reflete a glória de Deus. A família é o outdoor da majestade de Deus! Portanto, seja intencional em preparar uma mesa na presença dos seus inimigos e desfrutar esse princípio poderoso em sua casa.

AMIGOS

Há um ditado que diz: "Diga-me com quem andas, e te direi quem és". Mas, mais importante do que isso, diga-me com quem você se senta à mesa, e apontarei seu futuro. A mesa a que nos sentamos reflete nossas escolhas e prioridades. Pense: quem são os amigos que se sentam à mesa com você? Pois a mesa é um lugar de depósito.

TRABALHO OU MINISTÉRIO

Honrar e valorizar aqueles com quem trabalhamos é essencial. A unção que você honra, você usufrui. A mesa de trabalho nos oferece oportunidades tanto para aprender como para ensinar. Pondere: como está a mesa do seu trabalho?

Há mesas para sentar-se; outras para servir

Na vida, nos deparamos com situações e contextos que nos exigem assumir papéis distintos, e a metáfora da mesa captura perfeitamente essa dinâmica. Em alguns momentos, somos convidadas a nos sentar à mesa, desfrutando as delícias ali apresentadas, absorvendo conhecimento e experiências de outras pessoas. Em outros momentos, somos chamadas a servir, oferecendo nossa ajuda, nosso conhecimento ou nossas habilidades para beneficiar os que estão à mesa. Em ambos os papéis, é essencial que exercitemos a honra, o respeito e a gratidão.

Ao nos sentarmos à mesa, assumimos a posição de aprendizes, receptores. Somos convidadas a ouvir, a aprender e a crescer. É uma posição de humildade, em que reconhecemos que há algo valioso a ser recebido daqueles ao nosso redor. Nesse contexto, é vital mostrar respeito e honra àqueles que nos servem, seja com comida, seja com sabedoria ou com qualquer outra forma de generosidade. A gratidão se torna uma resposta natural, reconhecendo o valor do que nos é oferecido.

Por um lado, sentar-se à mesa, então, é estar na posição de ouvir, aprender e receber. Como um filho, que se senta para receber alimento de um parente, é crucial a postura de respeito e reconhecimento do valor daquele que serve ou educa.

Já por outro lado, servir à mesa não é um sinal de inferioridade e, sim, de grandeza! Quando oferecemos nossa energia, nosso tempo e nossos recursos para beneficiar os outros, estamos demonstrando uma generosidade que vai além do material. Servir é um ato de amor e sacrifício. É estar na posição de contribuir. Não é sobre subordinação, mas sobre generosidade, altruísmo e respeito. Quem serve oferece algo de si, que pode ser conhecimento, talentos ou esforço, em benefício dos outros. Nesse papel, a honra é expressa em nosso compromisso de entregar o melhor de nós, respeitando as necessidades e os desejos daqueles a quem servimos. Pense no privilégio que representa fazer a diferença na vida de alguém! Em João 13,1-17, Jesus lava os pés de Seus discípulos como um ato de humildade e serviço, ensinando-lhes a importância de servir uns aos outros.

Existe uma força incrível no ato de servir à mesa, e foi exatamente dessa maneira que Deus revelou o destino que Ele havia traçado para minha vida. Por meio desse gesto simples, Ele me abençoou com um ministério! Eu acredito firmemente que grande parte das bênçãos que vivo hoje é resultado de servir com alegria as mesas de homens e mulheres de Deus, honrando cada um deles com meu trabalho e dedicação. E quero compartilhar algo especial com você: por muitas vezes, eu poderia ter escolhido contratar alguém para fazer esse trabalho, mas tinha a certeza no meu coração de que Deus havia confiado a mim essa tarefa. Isso me fez optar por sempre servir pessoalmente. Desse modo, compreendi a poderosa mensagem que Jesus nos deixou: "Maior é aquele que serve!". Entendi também que Deus precisa estar certo de que nosso coração está n'Ele e se manterá n'Ele.

Nunca se sinta menos importante por estar em um papel de serviço. Encare isso como um privilégio, uma oportunidade de plantar sementes preciosas no mundo espiritual. Ao servir sua família ou aos outros, você está praticando um dos princípios mais bonitos do evangelho. Lembre-se de que, ao oferecer serviço com amor e humildade, você estará refletindo o caráter de Jesus e contribuindo para um mundo mais amoroso e acolhedor.

Esse é um chamado nobre, uma maneira de adorar a Deus e de expressar Sua graça na vida prática. Então, quando servir, faça-o com o coração cheio de amor e gratidão, sabendo que está participando de algo verdadeiramente divino e transformador.

A presença de Jesus à mesa traz muitas bênçãos

Quero dizer a você, mulher, que a presença de Jesus à mesa traz muitas bênçãos. Ela pode proporcionar cura, restauração, revelação e, mais importante, conexão e pertencimento. As passagens bíblicas dos discípulos de Emaús e Mefibosete (Davi e Mefibosete) nos mostram a revelação e a restituição que podem acontecer à mesa. E o Pentecostes? Todo avivamento começa à mesa.

Quando falamos sobre a presença de Jesus à mesa, estamos nos referindo a convidar Seu amor, Sua graça e Seu poder para nossas vidas diárias. A mesa aqui é o espaço físico onde nos reunimos para compartilhar refeições e vivenciar os momentos íntimos de conexão e comunhão.

Convidar Jesus para se sentar conosco à mesa é muito mais do que um simples gesto. É abrir espaço em nossas vidas para que Ele atue de forma poderosa. Seja nas dores emocionais, seja nos traumas ou nos desafios cotidianos, a presença de Jesus traz uma cura profunda e uma restauração completa. Ele é a fonte que renova nossas forças, que nos dá esperança mesmo nos momentos mais desesperadores e que nos envolve com um amor incondicional capaz de curar as feridas mais profundas de nossa alma.

Ao partilharmos nossas mesas com Ele, simbolicamente estamos compartilhando nossa vida, nossas lutas e nossas alegrias. Nesses momentos de comunhão, Jesus nos oferece Sua companhia, Seu consolo e Sua sabedoria. Ele nos lembra que não estamos sozinhos nas batalhas que enfrentamos e que Sua graça é suficiente para nos guiar por qualquer tempestade.

Portanto, ao abrir seu coração e sua vida para Jesus, permita que Ele se torne parte de cada aspecto do seu dia a dia. É nessa proximidade que encontramos a verdadeira paz, o conforto para nossas almas e a força para seguir em frente, sempre amparados e amados por Ele.

Jesus quer estar à sua mesa

Com Jesus à mesa, nunca estamos sozinhas. Ele nos lembra de que somos parte de algo maior e que pertencemos a uma família espiritual. Essa sensação de pertencer nos dá propósito, direção e um profundo senso de amor e aceitação.

Vou deixar como exemplo a história de Emaús, uma das mais belas narrativas do Novo Testamento, encontrada no Evangelho de Lucas, capítulo 24, versículos 13-35. Ela ocorre logo após a crucificação e ressurreição de Jesus Cristo. No próprio dia da ressurreição, dois discípulos estavam viajando para uma aldeia chamada Emaús, que ficava a cerca de sete milhas de Jerusalém. Enquanto caminhavam, conversavam sobre todos os eventos recentes — a morte e a ressurreição de Jesus.

Enquanto falavam e discutiam, Jesus se aproximou, mas os olhos deles estavam "impedidos" de reconhecê-lo. Jesus perguntou sobre o que estavam conversando. Surpresos, todos pararam e um deles, chamado Cléopas, perguntou se Ele era o único visitante em Jerusalém que não sabia dos acontecimentos recentes.

Eles então contaram a Jesus sobre a crucificação, sobre as esperanças que tinham de que Jesus fosse o Messias que libertaria Israel e sobre as mulheres que, naquela manhã, foram ao túmulo e não encontraram o corpo, mas viram anjos que disseram que Ele estava vivo. Ao ouvir isso, Jesus, ainda sem ser reconhecido, começou a explicar as Escrituras, começando por Moisés e passando por todos os profetas, mostrando como era necessário que o Messias sofresse e depois entrasse em sua glória.

Ao se aproximarem da aldeia para a qual estavam indo, Jesus fez menção de continuar a viagem, mas eles O convenceram a permanecerem juntos, pois já estava ficando tarde. Ao sentarem-se para comer, Jesus tomou o pão, deu graças e o cortou em pedaços. Foi nesse momento que os olhos dos discípulos foram abertos e enfim reconheceram Jesus, que imediatamente desapareceu de sua vista. Cheios de admiração e alegria, eles voltaram logo para Jerusalém a fim de compartilhar a notícia com os outros discípulos. Quando temos a revelação de Jesus, prontamente voltamos ao propósito.

A história de Emaús é rica em simbolismo e ensinamentos. Ela nos mostra como, muitas vezes, podemos estar "cegos" à presença de Cristo em nossas vidas, mesmo quando Ele está diretamente ao nosso lado. Jesus quer revelar os segredos do seu coração à mesa! Então, querida mulher, saiba que, cada vez que você se senta à mesa e convida Jesus para estar com você, está abrindo portas para a cura, a restauração, as revelações e muito mais. Você está estabelecendo um lugar para avivamentos, grandes e pequenos, e para a transformação que só Deus pode trazer. Sobretudo, você nunca estará sozinha!

A mesa é para todos

> *O senhor respondeu: "Muito bem, servo bom e fiel! Você foi fiel no pouco, eu o porei sobre o muito. Venha e participe da alegria do seu senhor!".*
> — MATEUS 25,23

Independentemente de ter uma mesa grande ou pequena, o importante é usá-la, valorizando e desfrutando a presença de Deus. Portanto, amada mulher, ao se sentar à mesa hoje, lembre-se de convidar Jesus, de honrar aqueles ao seu redor e de apreciar as conexões e as revelações que surgirão em sua vida!

Quem se antecipa, governa.

> *A sabedoria já edificou a sua casa, já lavrou as suas sete colunas. Já matou os animais para refeição, misturou o seu vinho e já preparou a sua mesa.*
> — PROVÉRBIOS 9,1-2

Não espere que algo grande aconteça na sua casa para você tomar a decisão de preparar sua mesa!

Capítulo 5
O PRINCÍPIO DA EXCELÊNCIA

JÁ ACONTECEU DE VOCÊ OBSERVAR ALGUÉM que é bem-sucedido em todas as áreas da vida e se perguntar qual é o segredo? Acredito que esse segredo esteja na dedicação constante à excelência em todas as suas ações. Na Bíblia, Jesus nos entrega lições valiosas para transformar nossas vidas! Mas antes de explorar esse tópico, desejo compartilhar um pouco da minha experiência na igreja.

No início da caminhada com Jesus na minha amada Igreja Lagoinha Orlando, fui chamada por uma pastora para voluntariar no receptivo de pastores convidados. Era um ministério que ainda se encontrava no início, sem nenhuma estrutura, e objetivo era preparar "um lanchinho" para receber cada pastor que visitava nossa igreja. Quando iniciei meu trabalho voluntário, parecia uma tarefa simples, mas logo descobri que era bem mais complexa. Em todos os cultos, precisávamos chegar com uma hora e meia de antecedência para preparar a sala e permanecer pelo menos uma hora e meia depois para arrumar tudo após o jantar. Com o passar do tempo, também assumi a responsabilidade de comprar os lanches e o jantar e, durante alguns anos, cozinhei toda a comida. Em nenhum momento pensei em desistir; ao contrário, decidi me dedicar ainda mais a esse ministério, dando o meu melhor em tudo o que Deus me havia confiado. Por mais ocupada que estivesse, nunca faltei um dia sequer. Sempre me mantive presente para cuidar de cada detalhe do acolhimento, seja nos cultos de quarta-feira, nos de domingo ou durante as conferências. Foram muitas noites passadas na igreja! Mesmo que essa não fosse uma das funções mais destacadas, eu sempre me empenhava com prazer e o coração grato.

Muitas vezes Deus confia a nós coisas aparentemente pequenas, mas extremamente valiosas. Só depende de como cuidamos delas. Foi ali que aprendi muito, sendo treinada por Deus dia após dia, para que, então, Ele pudesse me confiar um ministério tão lindo e multifacetado em que atuo hoje, o da hospitalidade. Posso afirmar uma coisa para você, mulher: quando somos fiéis no pouco e fazemos com excelência aquilo que foi colocado nas nossas mãos, o muito é consequência. Por isso, nunca menospreze os pequenos começos!

Com isso, Jesus me fez lembrar de um princípio de excelência ensinado por Ele, quando disse:

> *Quem é fiel no pouco, também é fiel no muito, e quem é desonesto no pouco, também é desonesto no muito.*
> — LUCAS 16,10

Tenho convicção disto: vivi os melhores dias da minha vida ali e recebi os maiores e melhores ensinamentos naquele lugar! Comecei a entregar mais do que me era pedido, a caminhar sempre um quilômetro adiante. Como sou grata a Deus pela oportunidade de servir grandes homens e mulheres de Deus! Ali, tive a oportunidade de conhecer de perto o coração incrível dos meus pastores, que se tornaram grandes amigos. Como cresci!

Tenho certeza de que agora você, mulher, já descobriu qual é o segredo para alcançar a excelência! A chave para a excelência não está em aguardar grandes oportunidades, e sim na maneira como abordamos tarefas que podem parecer insignificantes para outros. O verdadeiro segredo reside em fazer tudo como se fosse para Deus, seguindo o ensinamento de Paulo:

> *Tudo o que fizerem, façam de todo o coração, como para o Senhor, e não para os homens, sabendo que receberão do Senhor a recompensa da herança. É a Cristo, o Senhor, que vocês estão servindo.*
> – COLOSSENSES 3,23-24

Mulher, já imaginou como um simples princípio pode revolucionar sua vida e relacionamentos? Visualize o quanto seu casamento pode prosperar caso ofereça plena atenção ao parceiro. Pense em como sua família pode se fortalecer quando você se dedica inteiramente, mesmo que o retorno seja pequeno. E imagine os avanços na carreira ao trabalhar com empenho e dedicação, mesmo sem o reconhecimento imediato dos seus chefes. Imagine se sua maneira de falar for ótima, de modo que não saia da sua boca nada torpe, somente aquilo que seja útil para edificar o próximo? Imagine se você cuidar da sua saúde com excelência, como seriam seus dias?

A excelência é um princípio que devemos buscar incansavelmente em todas as áreas da nossa vida. É um chamado para ir além do comum, para dar o melhor de nós mesmos em tudo o que fazemos!

Encorajo você a deixar de lado qualquer traço de preguiça e abraçar a diligência com todo seu coração. Lembre-se, os sábios trabalham com dedicação e, por isso, são abençoados por Deus com abundância em suas realizações. Em contraste, a preguiça leva à escassez e ao desperdício das oportunidades que Deus nos dá.

A verdadeira virtude não conhece limites. Quem busca ser primoroso coloca de lado as próprias vontades e considera as necessidades dos outros como prioridade. O espírito de excelência nos impulsiona a continuar, a não parar até que a tarefa esteja concluída, até que o propósito de Deus seja cumprido em nossa vida.

Por isso, seja excelente em seu serviço a Deus, sua família, seu trabalho, suas amizades e em cada pequeno detalhe da sua vida. Quando você se esforça para ser única, reflete o caráter de Deus e se torna um instrumento para a realização de grandes coisas no Seu reino. É um caminho de crescimento, de superação e de bênçãos incontáveis.

Excelência na família

> *Se alguém não cuida de seus parentes, e especialmente dos de sua própria família, negou a fé e é pior que um descrente.*
> – 1 TIMÓTEO 5,8

Se Deus a presenteou com sua família é porque Ele deseja que você cuide dela com muito amor, carinho e diligência.

Olhe para além de si mesma e pergunte: "O que mais posso fazer por minha família?".

Quando seu marido chegar do trabalho, pare o que está fazendo e o receba com um beijo. Quando ele estiver assistindo à TV, leve uma bebida para ele.

Antes de corrigir seu filho, elogie primeiro. Quando o colocar na cama, ore com ele. Quando for buscá-lo na escola, faça uma surpresa levando um lanche gostoso ou pare para comer na lanchonete predileta dele.

Busque sempre fazer o que é agradável para sua família.

Excelência na sua casa

> *Passei pelo campo do preguiçoso, pela vinha do homem sem juízo; havia espinheiros por toda parte, o chão estava coberto de ervas daninhas e o muro de pedra estava em ruínas. Observei aquilo e fiquei pensando; olhei e aprendi esta lição: "Vou dormir um pouco", você diz. "Vou cochilar um momento; vou cruzar os braços e descansar mais um pouco", mas a pobreza lhe sobrevirá como um assaltante, e a sua miséria como um homem armado.*
> – PROVÉRBIOS 24,30-34

Não tenha preguiça, mulher! Abra as cortinas pela manhã, para a luz do dia entrar, dobre os lençóis, arrume os armários. Isso não apenas mantém a ordem física, mas deixa o ambiente fluido. A excelência no cuidado do lar não é apenas uma série de tarefas, mas

uma dança harmoniosa entre a atenção aos detalhes e a criação de um ambiente acolhedor.

Quando descobrimos o poder da excelência, vemos que ele vai além da funcionalidade. É uma expressão de amor, atenção e gratidão da vida diária. No lar onde ela é cultivada, não é só o espaço físico que é tocado, mas também os corações de quem habita ali.

A excelência é uma busca contínua por melhorias. Não se trata de vaidade nem de tentar fazer o impossível, que pode ser paralisante, mas de uma paixão por elevar padrões e expectativas. Deus é o padrão supremo de excelência. Como mulheres, temos a capacidade e a responsabilidade de refletir essa natureza divina em tudo o que fazemos, inclusive com o cuidado da nossa casa.

MANTENHA HÁBITOS DE EXCELÊNCIA NA SUA CASA

* Deixe sempre a mesa arrumada para a próxima refeição.
* Sempre tenha um aromatizador, ou uma velinha acesa.
* Deixe sempre um louvor tocando baixinho.
* Não deixe louça acumulada na pia da cozinha.
* Quando acordar, arrume sempre a cama.

- Mantenha o lavabo sempre limpo e organizado.
- Limpe o banheiro sempre que o utilizar e não se esqueça de abaixar a tampa do vaso.
- Mantenha sempre o hall de entrada da casa asseado e organizado. Nunca deixe tênis e casacos espalhados na entrada da casa.

Excelência no relacionamento com Deus

Mantenha-se aprendendo. A excelência envolve uma busca constante por mais conhecimento de Deus, pois a fé vem pelo ouvir, e o ouvir a palavra de Deus.
- Leia e medite na palavra de Deus todos os dias.
- Tire tempo para a oração diária.
- Participe de cursos bíblicos.
- Faça parte de células.
- Leia livros cristãos.
- Converse com mulheres de Deus que possam direcioná-la.

> *Pois o Senhor é quem dá a sabedoria, da sua boca procedem o conhecimento e o discernimento.*
> – PROVÉRBIOS 2,6

Excelência no trabalho

> *Tudo o que fizerem, façam de todo o coração, como para o Senhor, e não para os homens, sabendo que receberão do Senhor a recompensa da herança. É a Cristo, o Senhor, que vocês estão servindo.*
> – COLOSSENSES 3,23-24

> *O preguiçoso morre desejando muitas coisas porque se nega a trabalhar; ele passa o dia inteiro pensando no que gostaria de ter. Mas a pessoa de caráter tem o que dar e dá com prazer.*
> – PROVÉRBIOS 21,25-26

Nunca realize seu trabalho de modo indiferente, mas com dedicação total. Sem dúvida, sua carreira poderá ser bem-sucedida se você trabalhar com diligência e afinco, ainda que não receba o reconhecimento imediato dos seus líderes.

Seja leal com aquilo que lhe foi confiado, dessa forma você agradará tanto a Deus quanto aos homens.
– PROVÉRBIOS 3,3-4

* Sempre entregue mais do que foi combinado.
* Quando terminar o expediente, fique um pouco a mais, caso necessário.
* Mantenha sempre a organização do ambiente de trabalho.

* Seja intencional com a roupa que veste, com a maquiagem e o cabelo. Tudo precisa ser adequado ao ambiente de trabalho.
* Tenha sempre um comportamento extremamente profissional.
* Busque sempre por mais conhecimento na sua área.

Excelência no servir

Há razões divinas e poderosas para servir com excelência, e não de qualquer maneira. Em primeiro lugar, Deus, em Sua infinita sabedoria, nos instruiu a buscar a perfeição como Ele, pois somos Seus filhos (Deuteronômio 18,13). Assim, ao buscarmos a excelência, refletimos a imagem e a semelhança daquele que nos criou.

Quando alguém vier se deparar com algo que foi feito pelas suas mãos, que seja impactado pela beleza, pelo cuidado e, acima de tudo, pelo amor que foi dedicado ali. A excelência, querida mulher, é um verdadeiro ministério. É mais do que apenas fazer bem-feito, é um valor de serviço, uma manifestação de um coração que se preocupa genuinamente com o outro.

Cada vez que você servir alguém, seja na sua casa ou na igreja, essa pessoa deve se sentir não apenas bem-vinda, mas verdadeiramente amada. Seu planejamento, seus preparativos, cada detalhe, deve comunicar: "Que bom que você está aqui!".

Além disso, Deus não nos dotou de dons e talentos para que os utilizássemos de modo desleixado. Conforme 1 Timóteo 4,14 e Colossenses 4,17, somos incentivadas a usar nossos dons para servi-Lo com todo nosso coração e nossa dedicação. E como bem nos lembra Colossenses 3,23: "Tudo o que *fizerem,* façam de todo o coração, como para o Senhor, e não para os homens".

Cada ação, cada gesto deve emanar de um coração cheio de amor e gratidão.

Excelência na saúde

Por que a excelência é importante na saúde?

Quando você age com excelência com você mesma, reconhece o valor que há em si e no outro. É uma forma de dizer:

"Eu me importo o suficiente para dar o meu melhor também para meu corpo". Quando cuidamos da nossa saúde, comunicamos para Deus que somos gratas pelo templo do Espírito Santo que é nosso corpo, além de também comunicarmos amor à nossa família. Qual marido não gosta de olhar para uma mulher bem cuidada?

* Distribua espelhos pela sua casa, pois assim como você está se vendo, todos em sua casa também se verão.
* Exercite seu corpo.
* Cuide da sua alimentação.
* Faça check-up anualmente.
* Cuide da sua pele e do seu cabelo.
* Mantenha-se depilada.
* Faça as unhas.
* Escolha bem as roupas que você veste.

Excelência no modo de falar

Sejam sábios na sua maneira de agir com os de fora e aproveitem bem o tempo que passarem com eles. Que as suas conversas sejam sempre agradáveis e de bom gosto, e que vocês saibam também como responder a cada pessoa!
– COLOSSENSES 4,5-6

Nenhuma palavra torpe saia da boca de vocês, mas apenas a que for útil para edificar os outros, conforme a necessidade, para que conceda graça aos que a ouvem. Não entristeçam o Espírito Santo de Deus, com o qual vocês foram

> *selados para o dia da redenção. Livrem-se de toda amargura, indignação e ira, gritaria e calúnia, bem como de toda maldade. Sejam bondosos e compassivos uns para com os outros, perdoando-se mutuamente, assim como Deus os perdoou em Cristo.*
> – EFÉSIOS 4,29-32

Mulher, é essencial ter cautela com suas palavras e a forma como as expressa. Nossas palavras possuem o poder tanto de curar quanto de machucar. Por isso, não podemos usá-las de maneira descuidada. Segundo a Palavra de Deus, o justo e o ímpio se diferenciam em muitos aspectos, incluindo a maneira de se comunicar.

> *A boca do justo é manancial de vida, mas na boca dos perversos mora a violência.*
> – PROVÉRBIOS 10,11

A boca do justo é uma fonte de vida, emitindo palavras que revigoram. Em contraste, da boca do perverso saem palavras que ferem e destroem. Este texto nos mostra que a violência doméstica não se limita à agressão física, mas também inclui a verbal, característica do comportamento perverso. Nossas palavras possuem um poder além do que podemos imaginar, capazes de gerar vida ou morte.

> *A morte e a vida estão no poder da língua; o que bem a utiliza come do seu fruto.*
> – PROVÉRBIOS 18,21

Ei, mulher! É importante prestar atenção na forma como você fala, pois usar as palavras de maneira inadequada pode prejudicar não apenas quem ouve, mas também você mesma. O livro de Provérbios ensina que cuidar do que se diz é cuidar da própria vida; quem fala excessivamente pode acabar se prejudicando.

Do fruto de sua boca o homem desfruta coisas boas, mas o que os infiéis desejam é violência. Quem guarda a sua boca guarda a sua vida, mas quem fala demais acaba se arruinando.
— PROVÉRBIOS 13,2-3

Pode ter certeza de que, em muitos momentos, o silêncio é a maior expressão de sabedoria. Falar com o coração irado nunca fará bem a ninguém. Na hora das emoções alteradas, devemos conter as palavras. Quando você se acalmar, aí é inteligente dizer:

> *Quem retém as palavras possui o conhecimento, e o sereno de espírito é homem de inteligência.*
> — PROVÉRBIOS 17,27

A Bíblia nos mostra que falar de modo bondoso traz cura, enquanto as palavras cruéis, por sua vez, nos desanimam (quebranta o espírito):

> *A língua dos sábios adorna o conhecimento, mas a boca dos insensatos derrama a estultícia. A língua serena é a árvore da vida, mas a perversa quebra o espírito.*
> — PROVÉRBIOS 15,2-4

> *O homem se alegra em dar resposta adequada, e a palavra, a seu tempo, quão boa é.*
> — PROVÉRBIOS 15,23

AS CONSEQUÊNCIAS NO MODO DE FALAR

Você sabia, mulher, que a linguagem do reino de Deus é a honra? Esse princípio é central e traz grandes recompensas. A honra é fundamental, incondicional e não negociável. Honrar significa valorizar, apreciar e estimar.

> *A resposta delicada acalma o furor, mas a palavra dura aumenta a raiva.*
> — PROVÉRBIOS 15,1

Precisamos entender que, quando alguém já está emocionalmente alterado, a maneira delicada de falar vai apaziguar seu sentimento. Uma palavra dura, porém, vai aumentar sua raiva. Portanto, querida mulher, aprender com a sabedoria e a humildade de Cristo a sermos delicadas em nossa forma de falar vai nos afastar de muitos conflitos.

É por isso que em muitos casamentos a maior parte das tentativas de discutir sobre a relação termina em briga!

Seja movida pela eternidade

Seja um exemplo do verdadeiro cristianismo para todos à sua volta, exale bondade, fé, amor e demonstre sua vida de devoção e oração. Desse modo, você será exemplo de como seguir os caminhos do Senhor no lar e na vida. Seu modelo de conduta passará como herança de geração para geração.

As ações que são realizadas com excelência tendem a deixar marca duradoura. Pergunte-se: que tipo de legado você deseja deixar para as futuras gerações? Ao viver com excelência, você se torna uma fonte de inspiração para outras mulheres ao seu redor, incentivando que elas também busquem o melhor.

Somos chamadas por Deus para sermos embaixadoras do Reino do Senhor Jesus, somos representantes Dele aqui na terra.

Saiba que todas as áreas da sua vida podem ser beneficiadas se você aplicar o princípio da excelência, na certeza de que Deus está vendo tudo de bom que você tem feito! Por isso, comece hoje a aplicar esse "segredo" em sua casa, em seu trabalho, em sua saúde e na obra do Senhor!

> *Portanto, meus amados irmãos, mantenham-se firmes, e que nada os abale. Sejam sempre dedicados à obra do Senhor, pois vocês sabem que, no Senhor, o trabalho de vocês não será inútil.*
> – 1 CORÍNTIOS 15,58

Capítulo 6
O PRINCÍPIO DA HONRA

VOCÊ SABIA, MULHER, que a linguagem do reino de Deus é a honra? Tudo gira em torno dela, que, por si, traz grandes recompensas. A honra é um princípio, por isso é incondicional e inegociável. Honra significa valorização, apreciação e estima.

Consideração e homenagem à virtude, ao talento, à coragem, às boas ações ou às qualidades de alguém, à distinção.

Honrar alguém significa tê-lo em alta consideração, enxergá-lo como importante e precioso. Embora hoje em dia a honra pareça uma qualidade quase esquecida nos relacionamentos, ela é, na verdade, uma chave para recebermos as bênçãos que Deus preparou para nós. O inimigo sabe do poder da honra na vida de uma pessoa, e é por isso que ele tem tentado diminuir sua presença em nossas vidas. Quando deixamos de honrar, perdemos a oportunidade de receber as recompensas divinas.

É crucial entender que a presença de Deus se manifesta onde há honra. Um ambiente onde essa qualidade prevalece atrai e acolhe o Espírito Santo. Quando tratamos alguém com respeito e dignidade, essa pessoa se sente motivada a dar o seu melhor. Em contraste, o desprezo gera opressão, impedindo a pessoa de alcançar seu pleno potencial. Para cultivar um ambiente que reflita esse princípio, podemos adotar "rituais de honra". Por exemplo, quando seu marido chegar em casa, receba-o com um sorriso, com um abraço e um beijo, mostrando sua alegria em vê-lo, sem despejar sobre ele as dificuldades do seu dia. Faça questão de expressar que estava esperando por ele e aproveite para elogiar algo nele. Ensine seus filhos a fazerem o mesmo. A honra não só abre caminho para o coração das pessoas, mas também nos permite acessar os ricos tesouros emocionais que elas têm a compartilhar.

Ao honrarmos as pessoas em nossa vida, estamos praticando um princípio divino que enriquece nossas relações e traz um reflexo do amor e da graça de Deus para nosso dia a dia.

Mais uma vez, mulher: honrar alguém significa dar-lhe glória, exteriorizar seu valor! A honra tem a ver com "reconhecer ou dar valor", "tratar em alta estima, respeito ou consideração", "tratar como algo precioso". O contrário é a desonra: "tratar como comum ou ordinário", "tratar com desprezo" e até mesmo "desrespeitar" ou "humilhar".

A honra pode ser demonstrada com uma atitude ou com uma palavra, mas começa no seu pensamento, pois toda verdadeira honra tem origem no coração.

Esse povo se aproxima de mim com a boca e me honra com os lábios, mas o seu coração está longe de mim. A adoração que me prestam só é feita de regras ensinadas por homens.
– ISAÍAS 29,13

Assim, para sermos capazes de honrar alguém, precisamos cuidar das ofensas ("antes de tudo guarde seu coração, pois dele procedem as fontes de vida...") e lidar com nosso orgulho ferido porque honrar é, antes de mais nada, um ato de humildade.

Agora, reflita sobre os textos a seguir.

Nada façais por contenda ou por vanglória, mas por humildade; cada um considere os outros superiores a si mesmo.
– FILIPENSES 2,3

> *Honrai a todos. Amai a fraternidade. Temei a Deus. Honrai ao rei.*
> — 1 PEDRO 2,17

> *Amai-vos cordialmente uns aos outros com amor fraternal, preferindo-vos em honra uns aos outros.*
> — ROMANOS 12,10

Por essa razão, trate todos, especialmente seu marido e sua família, da maneira que Deus os trataria, utilizando os nomes que Ele usaria. Mulheres que honram devem viver de uma forma que reflita claramente a bondade, o amor e a paz de Deus. Procure evidências dessas virtudes em sua casa, mostrando que a presença de Deus é verdadeiramente acolhida.

A recompensa da honra: um favor sobrenatural

Observe que, na passagem a seguir, não honraram Jesus corretamente:

> *Jesus saiu dali e foi para a sua cidade, acompanhado dos seus discípulos. Quando chegou o sábado, começou a ensinar na sinagoga, e muitos dos que o ouviam ficavam admirados. "De onde lhe vêm estas coisas?", perguntavam eles. "Que sabedoria é esta que lhe foi dada? E estes milagres que ele faz?*
>
> *Não é este o carpinteiro, filho de Maria e irmão de Tiago, José, Judas e Simão? Não estão aqui conosco as suas irmãs?" E ficavam escandalizados por causa dele. Jesus lhes disse: "Só em sua própria terra, entre seus parentes e em sua própria casa, é que um profeta não tem honra".*
>
> *E não pôde fazer ali nenhum milagre, exceto impor as mãos sobre alguns doentes e curá-los.*
>
> *E ficou admirado com a incredulidade deles. Então Jesus passou a percorrer os povoados, ensinando.*
> — MARCOS 6,1-6

Você já notou como os frutos se tornam visíveis quando criamos uma cultura de honra ao nosso redor? Quando a honra está presente, é como se a própria vida de Deus começasse a fluir em todos os lugares: em nossa casa, no trabalho, nas relações com amigos, com líderes e liderados. Esse ambiente de honra promove cura, restauração, bênção, alegria, esperança e santidade.

Portanto, minha amiga, esteja atenta: a recompensa que Deus tem para nós está diretamente ligada às pessoas que honramos. A unção que respeitamos e valorizamos é a unção que recebemos e desfrutamos em nossa própria vida.

Ao escolhermos viver uma vida de honra, abrimos as portas para uma experiência mais rica e plena com Deus. Honrar não é apenas uma ação externa, mas, sim, uma postura interna do coração que reconhece o valor e a dignidade dos outros.

Quando honramos as pessoas ao nosso redor, estamos, na realidade, honrando a Deus e permitindo que Sua graça e Sua bondade se manifestem de maneira poderosa em nossas vidas.

Por isso, encorajo você a cultivar a honra em todas as suas relações. Veja cada pessoa como um tesouro valioso de Deus e trate-a com o respeito e a estima que merece. Ao fazer isso, você verá como a presença de Deus se torna cada vez mais real e tangível em sua vida e na vida daqueles ao seu redor.

Quando percorremos a Bíblia, vemos vários homens e mulheres de Deus que usufruíram esse princípio tão poderoso. Elizeu, por honrar Elias. Josué, por honrar Moisés. Davi, por honrar Saul até o fim. Nessa história, você percebe que a honra é um princípio que não requer reciprocidade; não honramos porque o outro merece, honramos porque é isso o que Deus espera de nós. Isso é libertador!

Vamos agora passear por algumas passagens bíblicas relacionadas à honra. Analisando-as, compreenderemos melhor quais são as recompensas que Deus nos dá por seguirmos seus mandamentos sobre isso. Vamos também relacionar essas histórias à nossa vida pessoal.

Honra ao marido

> *Seu marido é respeitado na porta da cidade, onde toma assento entre as autoridades da sua terra.*
> — PROVÉRBIOS 31,23

Você já parou para pensar na importância que o respeito e a honra têm na vida do seu marido? Fique certa de que ele realmente se nutre do seu incentivo e dos seus elogios. Na realidade, essas demonstrações de apreço são essenciais. Quando um marido não recebe honra, isso pode afetar negativamente sua disposição e sua autoestima. Um marido, porém, que é tratado com respeito e recebido com honra se sente encorajado a dar seu melhor.

Já um marido que é tratado com desrespeito e desonra, infelizmente, tende a viver aquém de seu potencial e propósito. Por isso, as Escrituras nos ensinam sobre a importância de honrar e de respeitar o marido, destacando que a maneira como uma mulher o trata tem um impacto significativo em como ele é visto e valorizado pelos outros.

Portanto, querida mulher, quero encorajar você a cultivar um ambiente de respeito e honra em seu relacionamento. Mostre ao seu marido o quanto você o valoriza, reconheça suas qualidades e esforços, e ofereça a ele seu apoio e sua admiração. Essa atitude não só fortalecerá seu casamento, mas também contribuirá para que possa florescer em todas as áreas da vida dele.

Lembre-se de que o respeito e a honra são presentes que podemos dar um ao outro, e quando são oferecidos com amor e sinceridade, eles têm o poder de transformar nossas relações e criar um ambiente onde todos podem prosperar e cumprir o propósito de Deus para suas vidas.

Como honrar seu marido

Existem várias formas de honrar seu marido, mas antes de tudo você precisa respeitá-lo. Desenvolverei esse tema no próximo capítulo, no qual falarei especificamente sobre maneiras práticas de cumprir esse princípio. Posso adiantar que, para muitas mulheres, pode parecer difícil, pois muitos maridos não parecem ser dignos de honra. Porém, usar palavras encorajadoras, destacar características positivas e falar sempre bem a seu respeito para outras pessoas são alguns modos de honrá-lo. Lembre-se de que honrar é exatamente isso: exteriorizar o valor do outro.

Honrar os pais

> *Honra teu pai e tua mãe para que se prolonguem seus dias na terra e tudo te vá bem.*
> – ÊXODO 20,12; DEUTERONÔMIO 5,16

Esse foi o primeiro mandamento com promessa. O relacionamento com os pais é o ponto de partida para a honra. Você tem uma vida plena? Ou está sempre lutando e se esforçando para alcançar sucesso, pois nada vai bem e tudo parece sempre dar errado? Você já se perguntou por que isso acontece? Será que talvez você não esteja honrando seu pai e sua mãe?

Muitas vezes, guardamos mágoas causadas pelos nossos pais desde a tenra infância. Se essas feridas não forem saradas e você não liberar perdão para seus pais, é provável que tudo não vá bem e que você não tenha uma vida longa. Quer seus pais façam parte da sua vida, quer não, é preciso chegar ao ponto de escolher honrá-los, não importa o que tenha acontecido antes.

Posso afirmar isso porque foi um verdadeiro destrave em minha vida. Desde o dia em que liberei perdão para os meus pais e comecei a honrá-los, independentemente do que havia acontecido no passado, minha vida começou a prosperar. Desejo de todo o coração que o mesmo aconteça com você!

Pais também devem honrar os filhos

É essencial que os filhos honrem seus pais, mas igualmente importante é que os pais tratem seus filhos com honra (Efésios 6,4), sem

negligenciar a disciplina necessária. Pais que não corrigem os filhos os deixam vulneráveis à ruína (1 Samuel 2,12-25 e Provérbios 29,15).

Os pais demonstram honra aos filhos ensinando-lhes o caminho correto a seguir, principalmente por meio de suas ações. Mais do que ouvir o que dizemos, as crianças imitam o que fazemos.

Mães, "sigam o padrão de correção do Céu e orientem seus filhos no caminho certo" (Provérbios 22,6). Evitem os extremos!

Honrar a liderança

> *E o Senhor disse a Josué: "Hoje começarei a exaltá-lo à vista de todo o Israel, para que saibam que estarei com você como estive com Moisés." (para que saibam que assim como estive com Moisés, eu estou com você).*
> – JOSUÉ 3,7

A unção que você honra, você usufrui. Lembra-se dessa frase? Quando reconhecemos o que nossa liderança carrega e demonstramos isso com honra e fidelidade, é impossível não desfrutar essa unção. Não tenho dúvidas de que o que temos vivido como família é fruto de honra, não só com atitudes, mas, acima de tudo, com nosso coração, pois ele é a fonte que jorra vida. Posso assegurar que assim como Josué desfrutou a porção da honra que teve com Moisés (Josué 3,7), assim como Elizeu recebeu a porção dobrada ao honrar Elias, assim sua casa pode receber das maravilhas de honrar a unção da sua liderança.

Quero compartilhar com você um conselho precioso: uma das armadilhas que Satanás usa com frequência é a ofensa. Por isso, é essencial que você proteja seu coração e não caia nessa cilada. Seja intencional em amar e respeitar sua liderança, e faça do perdão um hábito constante em sua vida.

Quando uma mulher se deixa capturar pela mágoa, há uma mudança significativa em sua motivação. Ela começa a ser movida não pelo Espírito Santo, mas pelos sentimentos de ressentimento e amargura.

Darei um exemplo simples para ilustrar isso. Imagine que você decide não ir a certos lugares porque alguém que a magoou estará lá. Já se perguntou, no entanto, se, talvez, o Espírito Santo queria que você fosse àquele lugar? Quando permitimos que a mágoa guie nossas decisões, nossas ações são influenciadas não pela sabedoria divina, mas por nossos sentimentos feridos.

Por isso, encorajo você a buscar sempre a direção do Espírito Santo em suas decisões. Quando nos sentimos magoadas, é vital voltarmos nossos corações para Deus e pedir Sua orientação. Perdoar não é apenas libertar a outra pessoa, mas é um ato de libertação para nós mesmos. Perdoar nos mantêm alinhados com o amor e a paz de Deus, permitindo que vivamos de acordo com Seu propósito, e não sob a influência de sentimentos negativos.

Honrar homens e mulheres de Deus

> *Quem vos recebe, a mim me recebe; e quem me recebe a mim, recebe aquele que me enviou. Quem recebe um profeta em qualidade de profeta, receberá galardão de profeta; e quem recebe um justo na qualidade de justo, receberá galardão de justo. E qualquer que tenha dado nem que seja um copo d'água fria a um destes pequenos, em nome de discípulo, em verdade vos digo que de modo algum perderá o seu galardão.*
> — MATEUS 10,40-42

Quem recebe o profeta, recebe o galardão do profeta. Honrar os mensageiros de Deus é honrar o próprio Deus. Existem várias formas de honrar homens e mulheres de Deus: levando para jantar, recebendo em sua casa, comprando um presente ou até mesmo com uma oferta financeira. Desse modo, você demonstra que reconhece o que eles carregam. Entender a bênção que a honra traz para nossa vida faz que não percamos nenhuma oportunidade de demonstrar honra. Sempre honre homens e mulheres de Deus externando o valor que você enxerga neles.

Honrar liderados

A palavra do Senhor fala para não honrar apenas nossa liderança, mas também honrar nossos liderados ou empregados.

Se você lidera um time ou tem funcionários trabalhando em sua casa, faça questão de honrá-los e demonstrar como eles são importantes para você. Trate-os com educação e use sempre as expressões "por favor" e "obrigada". Dessa maneira, você deixará claro que precisa da ajuda deles e que seu trabalho é importante.

Nossa igreja é um exemplo nesse sentido. Temos uma cultura de honrar todos os colaboradores e voluntários, e não somente a liderança. Criamos uma sala incrível onde todos podem descansar, assistir à televisão, usufruir boas refeições, todos os dias da semana. Preparamos uma mesa bonita e farta para oferecer o alimento. A honra deve ser parte da cultura de qualquer organização. Propague esse valor no mundo e veja a diferença que isso fará!

Honre seus colaboradores! Compre um presente para sua funcionária do lar, caso conte com essa ajuda, elogie seu trabalho, invista em capacitação, externe seu valor. Afinal de contas, você necessita do trabalho dela!

Nunca se esqueça: honra é um princípio, e você pode aplicá-lo em todas as áreas da sua vida.

Ao ler a Bíblia, encontramos a história da mulher siro-fenícia em Marcos 7. Ela se humilhou aos pés de Jesus e, em troca, sua filha foi libertada. Esse milagre aconteceu por causa da honra e da fé.

Querida mulher, quando honramos e reconhecemos o senhorio de Jesus e acreditamos em Sua palavra, estamos afirmando a certeza de que o milagre vai acontecer. Em contraste, em Marcos 6, vemos que em Nazaré, sua própria terra, Jesus não pôde realizar milagres porque a falta de fé resultou em desonra.

O desprezo, que é o oposto da honra, implica que alguém é indigno de consideração ou respeito. Mulher, como você trata as pessoas ao seu redor? De acordo com o que você acha que elas merecem ou conforme a visão de Deus sobre elas?

A desonra da mulher gera o desprezo do marido

No livro de 2 Samuel 6, o rei Davi retorna vitorioso da guerra e é recebido com uma grande celebração em sua cidade. Sua adoração fervorosa, no entanto, irritou sua esposa, Mical, que ao invés de se unir à alegria dele, decidiu repreendê-lo. Por seu comportamento desrespeitoso, Mical foi rejeitada por Davi e nunca mais teve filhos.

A desonra para um homem, às vezes, é tão forte que ele chega a desgostar e a rejeitar a mulher.

A falha de um líder (marido) muitas vezes é o teste de honra de seu liderado (esposa)

Você já parou para pensar, mulher, em quem você é na situação em que seu marido falha? Como você se comporta diante da fragilidade dele? Você o expõe? Você é alguém que, por mais que a situação esteja difícil, continua sendo leal, assim como Rute foi com Noemi? Como você tem se comportado mediante a vulnerabilidade da sua liderança? A fidelidade é um princípio que agrada tanto a Deus quanto aos homens.

> *Que o amor e a fidelidade jamais o abandonem; prenda-os ao redor do seu pescoço, escreva-os na tábua do seu coração. Então você terá o favor de Deus e dos homens e boa reputação.*
> – PROVÉRBIOS 3,3-4

Em Gênesis 9, lemos sobre Noé, um líder que cometeu um erro ao se embriagar, sendo encontrado em uma situação embaraçosa por seu filho Cam.

Ao contrário de seus irmãos, Cam decidiu expor e ridicularizar o erro do pai, mostrando desprezo. Essa atitude de desonra teve consequências graves, afetando sua herança e condenando suas gerações futuras à servidão.

As consequências da desonra, na maioria das vezes, são irreparáveis. Ela impede que as bênçãos reservadas a nós nos alcancem. Quando uma mulher comete desonra, infidelidade e desprezo, deixa de viver os planos que Deus reservou para sua vida.

A linguagem do Reino de Deus é a honra. Isso significa que, se queremos trazer o padrão celestial para a Terra, é essencial que todas as nossas relações sejam pautadas pela honra. Ela não é apenas um elemento poderoso para recebermos as bênçãos que Deus está derramando sobre nossa geração, mas também é um princípio vital para a construção de relações saudáveis e edificantes. Contudo, há um aspecto importante que precisamos compreender: a honra não é algo que devemos buscar para nós mesmos. Ao contrário, ela deve ser oferecida livremente aos outros.

A Bíblia nos ensina que buscar a honra por si só não é verdadeiramente honrar. Quem deseja apenas o aplauso e a aprovação das pessoas age como um oportunista. Além disso, conferir honra a quem age de maneira insensata é um erro, como diz Provérbios 26,1:

> *Como a neve no verão e a chuva na colheita, assim a honra não é adequada para o tolo.*

Portanto, querida mulher, ao praticar a honra em sua vida, faça-o de maneira genuína e desinteressada. Ofereça honra como um presente sem esperar nada em troca, não como um meio de obter vantagens pessoais. Lembre-se de que, ao honrarmos os outros, estamos refletindo o amor e os valores do Reino de Deus. Fazendo isso, você não só enriquece suas relações, mas ainda contribui para um mundo mais justo, amoroso e alinhado com os princípios divinos.

Capítulo 7
HONRAR O MARIDO

> *Seu marido é respeitado na porta da cidade, onde toma assento entre as autoridades da sua terra.*
> — PROVÉRBIOS 31,23

COMO COMENTEI NO CAPÍTULO ANTERIOR, seu marido não conseguirá dar o melhor sem receber seu respeito e sua honra. Ele busca de você incentivo e elogios — na realidade, anseia por isso! A ausência de honra ao seu marido terá consequências negativas para a disposição e a energia dele. Um marido tratado com respeito e recebido com honra é sempre mais bem-sucedido.

Por isso a palavra do Senhor fala que o marido é reconhecido e honrado por todos em consequência do comportamento da mulher.

Honrar seu marido é uma escolha que você faz dia após dia. Mesmo quando não sentir vontade, você pode decidir demonstrar seu respeito. Não deixe suas emoções ditarem seu comportamento.

Atitudes de uma esposa que honra seu marido

Ei, mulher! Você sabia que a forma como vê seu marido e pensa sobre ele geram suas palavras e, consequentemente, as suas ações? Tome cuidado com a maneira como você o trata. Seja intencional em olhar para ele como Deus o vê, perdoado e valorizado, como alguém que tem o manto da autoridade sobre o relacionamento (Efésios 5,33).

> Um marido tratado com respeito e recebido com honra é sempre mais bem-sucedido.

Nunca alimente pensamentos negativos a respeito do seu marido. Cuide sobre o modo como pensa a respeito dele; prefira sempre refletir acerca de seus pontos fortes a valorizar os pontos fracos. Perdoe seu esposo por não ser o mais amoroso, o que a ouve, o líder, o provedor, o amigo sobre o qual você criou expectativa.

Seja feliz com seu parceiro de vida. Não o compare com outros homens! Seu marido percebe quando você o aceita de maneira incondicional. Ele consegue perceber em suas atitudes se você o aprova ou não.

É importante lembrar que não é seu papel consertar seu esposo. Essa é uma tarefa para o Espírito Santo, que pode fazer um trabalho muito mais eficaz e rápido do que você. Acredite, a graça e a sabedoria do Espírito Santo são infinitamente mais poderosas que nossos próprios esforços. Portanto, em vez de tentar assumir esse papel, foque seu verdadeiro chamado dentro do casamento: amar, auxiliar e respeitar seu esposo.

Amar, auxiliar e respeitar não significa ignorar problemas ou dificuldades e, sim, abordá-los com uma atitude de compreensão e paciência, confiando que Deus está trabalhando na vida do seu parceiro. Quando você escolhe amar, auxiliar e respeitá-lo, você cria um ambiente de apoio e carinho, em que a transformação pode acontecer naturalmente e no tempo de Deus.

Portanto, querida mulher, concentre-se em ser um exemplo de amor, de paciência e de respeito. Deixe que o Espírito Santo faça a obra no coração do seu marido, enquanto você contribui para um lar harmonioso e cheio da presença de Deus.

Honre seu marido com suas palavras e suas iniciativas

Sempre que for iniciar a comunicação com seu marido, você primeiro deve ser respeitosa e usar palavras educadas, como "por favor" e "obrigada". Entenda que suas ansiedades você entrega ao Senhor, e não a seu marido. Pare de reclamar continuamente e de desrespeitá-

-lo. Escute-o sem desafiar suas decisões o tempo todo. Casamento é uma parceria, e não uma competição.

Permita que seu marido erre. Nunca diga: "Está vendo, eu avisei", "Eu sabia que isso iria acontecer" ou "Se tivesse me escutado...".

Seja intencional em usar palavras que edificam e encorajam seu companheiro. Fale frases incentivadoras, que exaltem os pontos fortes dele, especialmente na frente das pessoas. Nunca aponte suas fraquezas nem faça piadas sobre elas. Aprenda a esperar a hora certa de falar, em particular quando estiver chateada. Primeiro, assuma o controle das suas emoções, peça sabedoria a Deus e só então se comunique.

Seja rápida em pedir desculpas, não seja orgulhosa e evite adicionar um "mas" na hora do pedido de desculpas.

As atitudes que os maridos esperam de nós são de suporte e incentivo, carinho e sexo, alimento e uma casa em paz, além de atenção e ouvidos atentos, sem questionamentos.

Que a paz sempre direcione suas atitudes, pois uma linguagem corporal e verbal agressiva gera sempre discussões e caos. Acredite: há poder em uma atitude de calma e uma comunicação de paz.

Comece descobrindo o que seu companheiro gostaria que você fizesse para ele. Você, mulher, foi criada para ser a ajudadora dele, mas ele não foi feito para ser o seu. Prepare a comida que ele gosta de comer, não somente aquela que seus filhos preferem. Faça uma mesa bonita, crie o hábito de servi-lo. Ensine também seus filhos a servirem ao pai com alegria. Isso ajuda a preparar as filhas para o casamento, e os filhos vão procurar mulheres para casar que saberão servi-los.

Quando seu marido chegar do trabalho, não descarregue sobre ele as frustrações do seu dia. Espere o momento certo para conversar, caso considere necessário.

Sempre o receba com um beijo, um sorriso e um abraço. Nunca deixe que seu marido saia de casa sem que você se despeça dele com um beijo de despedida. Demonstre que você o deseja; nada é mais atraente para o homem do que saber que sua esposa o deseja. Crie um ambiente romântico onde você possa surpreendê-lo. Cuide do seu esposo. Seja sensível quando ele estiver passando por um dia difícil ou se estiver doente.

Algumas mulheres acreditam que é seu dever consertar o marido. Comportam-se, muitas vezes, como mães dos seus parceiros. Mas a maternidade funciona muito bem com os filhos, não com o marido.

Quando o marido não parece digno de honra
Uma coisa é certa: nunca retribua o mal com o mal.

> *Quanto ao mais, tenham todos o mesmo modo de pensar, sejam compassivos, amem-se fraternalmente, sejam misericordiosos e humildes. Não retribuam mal com mal, nem insulto com insulto; ao contrário, bendigam; pois para isso vocês foram chamados, para receberem bênção por herança.*
> – 1 PEDRO 3,8-9

Quando retribuímos um insulto com insulto em lugar de termos compaixão, entramos em um ciclo vicioso de brigas. Mas, ao retribuir com compaixão, bondade e humildade, quebramos esse ciclo tão nocivo.

Honrar seu marido é uma escolha que você faz dia após dia. Mesmo quando não sentir vontade, você pode decidir demonstrar respeito. E ainda digo mais: ensine seus filhos a honrar e a respeitar o pai. Não deixe suas emoções ditarem seu comportamento. Quando um marido é tratado com respeito e honra, ele dá seu melhor para sua esposa e filhos. Um marido tratado com desprezo e desrespeito, que vive debaixo de opressão e fica aquém do seu propósito, jamais dará o seu melhor para a família.

Homens também necessitam de amor. Embora possam não pedir, oferecer respeito e reconhecimento, palavras de encorajamento e gestos de serviço são maneiras eficazes de demonstrar ao seu marido o quanto ele é amado e valorizado por você!

E eu posso afirmar, mulher, que sou intencional em honrar meu marido, seja com palavras, seja com ações. E a colheita dessas atitudes tem sido maravilhosa. Consigo extrair do meu marido seu potencial máximo nas mais diversas situações.

Darei alguns exemplos pessoais do que costumo fazer:

* Quando estou em algum lugar em que falo sobre ele, sempre sou intencional em elogiá-lo. Nunca falo mal dele em hipótese alguma!
* Quando chego com ele a alguma festa, faço questão de ficar atenta a tudo o que ele pode precisar. Seja uma bebida, servir um prato, encontrar um lugar para sentar-se. Fico atenta a qualquer coisa de que ele venha precisar. Hoje em dia, ele só me olha e eu já sei o que ele quer!
* Se ele chega e eu já estou na festa, na mesma hora me levanto e reconheço a presença dele. Eu o sirvo no que precisar para que ele fique livre para fazer o que planejou para o evento.
* Sempre quando chega em casa, faço questão de dizer que estava aguardando por ele; se demora, ligo para saber que ele é importante para mim.
* Quando as crianças me pedem algo, costumo falar que vou consultar o Thiago.

* Faço a mala dele para as viagens.
* Muitas vezes, escolho a roupa que ele vai usar.
* Faço questão de que ele saiba que, para mim, e para nossa família ele é o mais inteligente, o mais forte, o que resolve todas as coisas e o que prospera em tudo o que faz.

Agora, listarei algumas maneiras de demonstrar honra e respeito para seu cônjuge, mesmo que ele seja alguém que está se comportando de modo desafiador.

Ressalto que não estou me referindo a homens abusivos e agressivos, pois esses são casos excepcionais que devem ser levados às autoridades.

Mostre que você está comprometida a amar seu cônjuge, mesmo que ele tenha perdido o interesse em receber seu amor. Diga-lhe hoje algo como: "Eu amo você e ponto-final. Escolho amar você, mesmo se você não me amar de volta". Pense na maior necessidade do seu cônjuge neste momento e veja se há alguma maneira de você atendê-la com um ato corajoso de sacrifício. Escreva uma mensagem de compromisso, explicando porque você está comprometida com esse casamento até o fim e reafirmando que decidiu amá-lo independentemente das circunstâncias. Envie essa mensagem. Renove suas promessas de casamento e envie-as para ele como um gesto de amor. Reconheça a importância do seu cônjuge para o sucesso futuro da sua família e faça-o saber que você deseja incluí-lo em suas próximas decisões, precisando do seu conselho e ponto de vista. Cozinhe a comida favorita dele e prepare a roupa que ele mais gosta de usar.

Lealdade e fidelidade

> *Seu marido confia plenamente nela e jamais lhe falta algo. Ela lhe traz apenas benefícios, nunca prejuízos, todos os dias da sua vida.*
> – PROVÉRBIOS 31,11-12

Mulher, agora desejo abordar a temática da lealdade, particularmente no âmbito matrimonial. A lealdade é o pilar fundamental para um casamento próspero e abençoado. Pergunto: você é leal?

A lealdade é uma das virtudes mais significativas de uma mulher, essencial para edificar uma relação saudável em todos os setores da vida, seja com Deus, seja com o cônjuge, os filhos, no ambiente de trabalho e todos os demais.

Em contrapartida, a deslealdade é uma das piores atitudes humanas.

A palavra "lealdade" remete a alguém confiável, que cumpre seus deveres legais, com compromisso, e que age com responsabilidade, honestidade, integridade e honra.

Ser leal significa ser fiel e dedicada, honrando com aquilo a que se comprometeu. Quem possui essa virtude permanece firme nos momentos árduos, não se movendo por meros interesses. Nesse contexto, a história bíblica de Rute emerge como um modelo primoroso de lealdade.

Rute, moabita, após perder seu esposo, optou por permanecer ao lado de sua sogra, Noemi, uma viúva israelita. Sua declaração, "Onde quer que tu fores, irei eu; onde pousares, pousarei" (Rute 1,16), exemplifica seu comprometimento e sua devoção. Rute escolheu Noemi, uma expressão de amor e lealdade genuínos.

Faço a você, mulher, a seguinte pergunta: você se mantém leal também durante as adversidades?

Rute e Noemi nos ensinam que lealdade é a decisão de permanecer fiel e apoiar quem amamos, mesmo nos momentos mais desafiadores. A recompensa de Rute foi notória: casou-se com Boaz e tornou-se antecessora de Jesus Cristo.

Assim como Rute, podemos escolher a lealdade, sobretudo no casamento. Desejo abordar a lealdade sob dois prismas: a devoção a Deus e ao cônjuge.

* Lealdade a Deus

Primeiro, é crucial que nossa maior lealdade seja direcionada a Deus. Ele deve ser o centro de nossas vidas.

* Lealdade ao marido

O matrimônio é um pacto divino. Você assumiu o compromisso de ser fiel ao seu marido diante de Deus e dos homens. Essa lealdade não se resume apenas à fidelidade física, mas também ao coração: ame, respeite, defenda e apoie seu marido.

Deixarei algumas características de uma mulher leal:
* **Confiável:** "Seu marido tem total confiança nela e nunca lhe falta coisa alguma". Provérbios 31,11-12
* **Fiel:** A mulher fiel é íntegra e age com retidão. Seu caráter e sua lealdade são reconhecidos por Deus e por seu marido.
* **Defensora e apoiadora:** Defende seu marido publicamente e reserva críticas construtivas para o privado. É sempre seu pilar de apoio.
* **Honesta:** Uma mulher leal é genuína, fala a verdade com amor e é transparente em suas intenções, inclusive financeiramente.

O compromisso e a dedicação de uma mulher leal são refletidos em suas ações e palavras. Cultive essa virtude e seja uma bênção em seu lar!

Reflita sobre estes versículos:

> *Quem é fiel no pouco, também é fiel no muito, e quem é desonesto no pouco, também é desonesto no muito.*
> — LUCAS 16,10

> *Ela só lhe faz o bem, e nunca o mal, todos os dias da sua vida.*
> — PROVÉRBIOS 31,12

GÊNESIS
de Carlos Araujo

Capítulo 8
PRINCÍPIO DA AUTORRESPON-SABILIDADE

EI, MULHER! Você sabia que é a única responsável pela vida que tem levado? Autorresponsabilidade, em sua essência, é o reconhecimento de que somos as principais responsáveis por nossas ações, escolhas e consequências destas em nossas vidas. Significa assumir a propriedade de nossa trajetória, em vez de atribuir a circunstâncias externas ou a outras pessoas a causa de nossas vitórias ou nossos fracassos.

Antes de nos aprofundarmos nessa ideia, quero que se dê um momento de bem-querer. Reconheça os desafios que enfrentou, as escolhas que fez e os caminhos que trilhou. Sei que, muitas vezes, o caminho pode parecer desafiador, e as responsabilidades, pesadas. Contudo, o verdadeiro poder dessa virtude não está em carregar o peso do mundo em seus ombros, mas em compreender que você tem a capacidade de escolher como responder a cada situação. Ao abraçar essa consciência, você não só se capacita, mas também ilumina o caminho para uma vida de propósito e significado. Lembre-se sempre de que você é a autora da sua própria história, e cada capítulo, por mais árduo que seja, contribui para a maravilhosa jornada da sua vida.

Eu falo isso para vocês porque esse princípio mudou minha história. O dia em que entendi ser a única responsável pela vida que levava, e que minhas escolhas me levaram até onde me encontrava, foi libertador. Compreendi o quão maravilhoso era ser a única que poderia mudar minha trajetória. Eu não estava presa a ninguém para que minha vida mudasse. Deus é tão perfeito quando nos ensina que a salvação é individual. Cada um escolhe nascer de novo e se tornar Seu filho ou não. Em suma, nós não dependemos de ninguém para nossa salvação.

Essa virtude é uma das maiores bênçãos, e um dos maiores desafios também, que podemos abraçar. Ela nos chama a viver de modo autêntico, a aceitar as rédeas das nossas vidas e a caminhar com integridade e propósito.

Como mulheres, temos o poder de influenciar gerações e, ao vivermos sob essa responsabilidade plena, deixamos um legado de força, coragem e fé para aqueles que vêm depois de nós. Cada escolha, cada ação e cada palavra têm o poder de moldar nosso destino e o destino daqueles ao nosso redor. Portanto, vamos abraçar esse presente e caminhar com confiança, sabendo que Deus está conosco a cada passo do caminho.

A origem bíblica da autorresponsabilidade

A Bíblia está repleta de exemplos que nos ensinam sobre autorresponsabilidade. A seguir, trago para você dois exemplos: um em que ocorreu a falta de autorresponsabilidade, e o outro em que o personagem se responsabilizou pelas próprias atitudes.

O primeiro e mais emblemático pode ser encontrado em Gênesis. Após Adão e Eva comerem do fruto proibido, em vez de assumirem responsabilidade por suas ações, Adão culpou Eva, e Eva culpou a serpente. Esse ato de transferir a culpa é uma reação humana natural, mas não está alinhado ao conceito de autorresponsabilidade.

Outro exemplo é o do rei Davi. Quando ele pecou ao se envolver com Bath Sebá e orquestrar a morte do marido dela, Urias, o profeta Natã o confrontou. Em vez de negar ou culpar outros, Davi admitiu: "Pequei contra o Senhor" (2 Samuel 12,13). Ele assumiu total responsabilidade por seus atos, demonstrando um coração verdadeiramente arrependido.

É sobre isso, mulher. O comportamento de Davi nos ensina que não é sobre não errar, mas sobre admitir o erro e recalcular a rota. O Senhor é misericordioso e nos permite calcular a rota todos os dias de nossa vida.

A importância da autorresponsabilidade na vida da mulher

* **Autonomia**: quando assumimos responsabilidade por nossas vidas, passamos a ter o comando. Em vez de nos sentirmos vítimas das circunstâncias, reconhecemos que temos o poder de moldar nosso destino. Como Débora, a profetisa e juíza de Israel, que não esperou por circunstâncias favoráveis, mas tomou a iniciativa, liderou exércitos e entregou a vitória a Israel.
* **Crescimento pessoal**: admitir erros e aprender com eles é essencial para o crescimento. Rute, após a morte do marido, poderia ter culpado suas circunstâncias ou retornado à sua terra natal. Em vez disso, ela fez uma escolha ativa de seguir Noemi e, por meio de sua responsabilidade e lealdade, foi abençoada com uma nova família e se tornou ancestral do rei Davi e, posteriormente, de Jesus.
* **Relacionamentos mais saudáveis**: assumir a responsabilidade por nossas ações e palavras cria um ambiente de honestidade e confiança.
* **Paz e harmonia interna:** quando vivemos em harmonia com nossos valores e aceitamos a responsabilidade por nossas escolhas, encontramos uma paz profunda. Como Maria, mãe de Jesus, que aceitou a imensa responsabilidade de ser mãe do Salvador, confiando plenamente no plano de Deus para sua vida.

Para uma pessoa mudar, ela precisa parar de se esquivar da realidade, mesmo que não seja confortável, pois, se continuar fugindo, nunca aprenderá. Pare de fugir!

Entendo que dói muito reconhecer o erro, ouvir de alguém que amamos que estamos errando com eles. Proponho que você faça um exercício que já fiz algumas vezes.

* Pergunte a seu marido o que você faz que ele não gosta. Agora só ouça e anote.
* Depois, pergunte o que ele mais gosta que você faça.
* Por último, questione seus filhos e, igualmente, ouça e anote.

Você vai perceber que colhe os resultados do que vem plantando!

> *Não se deixem enganar: de Deus não se zomba. Pois o que o homem semear, isso também colherá.*
> – GÁLATAS 6,7

Muitas mulheres dizem: "Ah, meu marido é grosseiro". Contudo, não param para analisar os próprios comportamentos. Deixe-me perguntar outra coisa: quem foi que escolheu o marido? "Ah, meu marido assiste à pornografia!". Mas quantas vezes por semana você tem feito sexo com ele? Será que você não o está negligenciando? Você tem se cuidado? Honrado e respeitado seu companheiro?

Validado a performance dele na hora do sexo, como macho?

"Meu chefe me persegue", mas será que você tem entregado seu trabalho com excelência? "Não tenho amigas de Deus", mas você tem sido uma? Sua companhia é agradável? "A culpa é da minha mãe e do meu pai por terem me causado trauma no passado." Deixe-me falar uma coisa para você nunca mais esquecer: ninguém muda nada, nem ninguém, sem mudar a si mesmo primeiro!

Não vai ser criticando seu marido, reclamando com seus filhos, culpando sua mãe pelo passado que viveu, vitimizando-se com as circunstâncias, justificando-se sempre dos seus erros e julgando os outros que você vai mudar.

Você só adotará um novo comportamento quando a culpa pelo que está vivendo não for mais do seu marido, do seu chefe, dos seus filhos, da sua mãe, do seu pai. Assuma o comando da sua vida, entre em uma jornada de transformação. Metanoia, mudança da mente!

A palavra do Senhor fala para não nos moldarmos a este mundo e, sim, renovarmos nossa mente!

> *Não se amoldem ao padrão deste mundo, mas transformem-se pela renovação da sua mente, para que sejam capazes de experimentar e comprovar a boa, agradável e perfeita vontade de Deus.*
> – ROMANOS 12,2

"Ah, Isa, mas como faço isso?" Explicarei a seguir.

Meu segredo de transformação

Desde o dia em que comecei minha jornada de mudança e entendi que eu era a única responsável, iniciei um processo imersivo:

* Muitos cursos.
* Muitos livros.
* Muita leitura da Bíblia.
* Assisti a muitas pregações e a muitas palestras.
* Muito tempo de louvor e oração.

Fiz tudo isso diariamente, corrigindo cada comportamento que não agradava ao coração de Deus. Por isso, digo a você, mulher: viver com autorresponsabilidade a levará a um nível de performance incrível na área da sua vida que você decida aplicá-la.

Saiba que sua melhor versão aparece quando você começa a se responsabilizar completamente pela sua vida. Hoje, entendo que eu mesma planto os resultados que desejo alcançar, com minhas ações. Elas determinam o resultado de tudo o que faço e tenho vivido.

Assuma o comando da sua história. Deus tem o governo da sua vida, mas você tem o comando. Você foi gerada para viver em plenitude e abundância!

Capítulo 9
PRINCÍPIO DO CUIDADO

O SER HUMANO SE CONECTA COM AQUILO DE QUE CUIDA. A maneira mais eficaz de nos conectar com quem amamos é por meio do cuidado. Isso significa apoiar e ajudar nos momentos de fraqueza e de vulnerabilidade. Ao cuidarmos de nossa família, estabelecemos uma conexão profunda com cada pessoa, conhecendo cada vez mais suas necessidades.

A verdade é que tendemos a cuidar melhor do que valorizamos. Por exemplo, se você compra uma bolsa cara, certamente terá um cuidado especial com ela, pois a valoriza. Mas nada é mais valioso do que sua casa e sua família.

Você já parou para pensar no impacto positivo que seu cuidado pode ter sobre seu marido e seus filhos? Gestos de carinho e facilitação, desde preparar a cafeteira até deixar itens básicos sempre à disposição, podem parecer pequenos, mas têm um grande impacto. Eles não apenas facilitam o dia a dia, mas também são um sinal claro de que você se preocupa com o bem-estar de todos.

Seja a facilitadora do seu lar

O mundo lá fora é muito competitivo. Seus filhos podem enfrentar desafios na escola, e seu marido, no trabalho. Por isso, faça de sua casa um refúgio, estabelecendo uma cultura de facilitação para todos os que vivem ali. Criar uma logística que simplifique a vida de todos é uma demonstração clara de cuidado e carinho que só você, mulher, pode criar.

Aqui estão alguns exemplos de cuidados diários:
* Deixe os remédios em um lugar de fácil acesso com uma garrafinha de água ao lado.
* Mantenha os carregadores de cada dispositivo no local correto.
* Etiquete todos os controles remotos.
* Mantenha uma estação de café pronta com adoçante, açúcar e biscoitos.
* Coloque um galheteiro com sal e temperos sempre próximos à mesa.
* Tenha papel higiênico e sabonete extras nos banheiros.
* Deixe toalhas extras nos banheiros.
* Mantenha comidinhas congeladas disponíveis na geladeira.
* Deixe as garrafinhas de água ao lado da cama.
* Seja intencional em mostrar que está cuidando da sua família.

Ao criarmos uma cultura de facilitação na nossa casa, ensinamos nossos filhos a serem facilitadores também por onde eles passarem, nunca dificultando a vida do próximo. Assim, eles se tornam melhores cidadãos.

Quando se trata de cuidado, a intencionalidade é fundamental, principalmente quando desejamos que nossa família reconheça nosso empenho. Certa vez, enquanto eu viajava, Thiago tinha um evento e precisava de seu paletó em ordem. Apesar da distância, eu queria assegurar que tudo estivesse pronto para ele.

Assim, contatei minha funcionária, solicitando que ela arrumasse e passasse o paletó dele. Atendendo ao pedido, ela deixou tanto a camisa quanto o paletó prontos e alinhados sobre a cama.

Posteriormente, informei ao Thiago: "Amor, seu paletó está organizado e pronto sobre a cama". De fato, não fui eu quem cuidou de tudo fisicamente, mas assumi a liderança de assegurar que tudo estivesse em ordem. Essa iniciativa fez toda a diferença. Caso a notícia tivesse vindo diretamente da minha funcionária, Thiago poderia ter sentido que o cuidado partiu dela, e não de mim.

Essa intencionalidade é algo que agrego no meu dia a dia. Por exemplo, quando solicito que minha funcionária faça o suco de cenoura que Thiago bebe todas as manhãs, sempre o informo: "Amor, seu suco já está pronto". Ainda que não tenha sido eu a prepará-lo diretamente, é essencial enfatizar que fui eu quem se preocupou com ele nesse aspecto.

A intencionalidade é fundamental. Mesmo que algumas tarefas sejam realizadas por terceiros, é essencial mostrar que a iniciativa e a preocupação partiram de você. Caso contrário, a família pode sentir que está sendo cuidada por outra pessoa que não você.

Deus está preparando mulheres para influenciar esta geração. A verdadeira mudança não acontece necessariamente nos palcos, na TV ou na política, mas, sim, por meio de cada um, exercendo seu chamado individual, a começar pelo cuidado com a família. Afinal, de que adianta ganhar o mundo e perder sua casa?

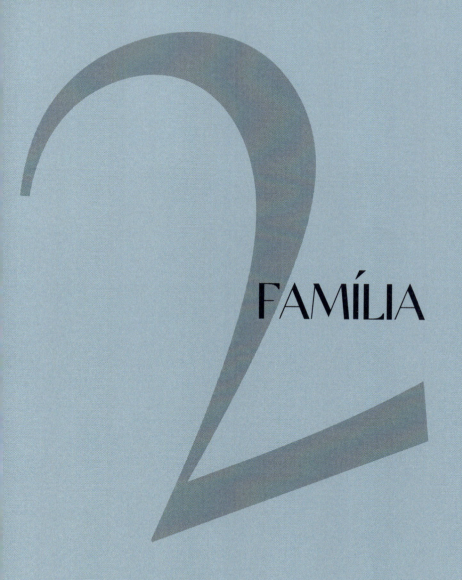

2 FAMÍLIA

Capítulo 10
O PAPEL DIVINO DA FAMÍLIA

QUERIDA MULHER, neste capítulo, quero conversar com você sobre um dos projetos mais belos e profundos de Deus: a família. Por que é tão importante abordar isso? Porque vivemos tempos em que as famílias estão enfrentando muitos desafios, ataques que tentam desviar-nos do plano original divino. Mas saiba, mulher, que a força e a beleza de uma família que vive segundo os propósitos de Deus refletem Sua glória de maneira singular. Uma família bem-sucedida é, verdadeiramente, uma expressão do amor e da sabedoria divina, e é fundamental que essa verdade esteja arraigada em nossos corações.

No entanto, para que uma família floresça e se mantenha firme, é essencial que cada um de seus membros desempenhe o papel para o qual foi chamado por Deus.

Há um clamor no mundo que tenta nos convencer de que seguir esses papéis é um retrocesso. As mensagens ao nosso redor, em filmes, em novelas e nas redes sociais frequentemente sugerem que assumir nosso lugar como Deus nos designou é algo ultrapassado. No entanto, quero encorajar você a enxergar a verdadeira natureza desses papéis como um avanço em direção ao que Deus tem para sua vida, para sua casa e para sua família.

Eu declaro, com convicção, que viver conforme a vontade de Deus é avançar na plenitude que o Senhor planejou para nós. Como mulheres, somos chamadas a ser auxiliadoras idôneas, companheiras que caminham lado a lado com seus maridos, os quais, por sua vez, são chamados a serem sacerdotes, protetores e provedores de seus lares. Essa é uma dança divina de apoio mútuo, em que cada um contribui com sua força e personalidade, cumprindo o papel que Deus lhe concedeu.

A vontade do Senhor para nossa família é que vivamos em harmonia, amor e propósito, glorificando Seu nome em cada aspecto de nossa vida doméstica. Assim, seus filhos crescerão no respeito e no amor pelos pais, vivendo os valores que fazem da sua casa um reflexo do amor de Deus. Eu desejo que sua casa seja um farol, um lugar onde todos possam reconhecer a presença e a bondade de Deus.

> *E, também, ninguém acende uma candeia e a coloca debaixo de uma vasilha. Ao contrário, coloca-a no lugar apropriado, e assim ilumina a todos os que estão na casa. Assim brilhe a luz de vocês diante dos homens, para que vejam as suas boas obras e glorifiquem ao Pai de vocês, que está nos céus.*
> — MATEUS 5,15-16

Os papéis da esposa

Vamos conversar um pouco sobre o papel tão especial da esposa no casamento: um chamado sublime que Deus nos confiou. E você sabe por que ele é tão importante? Porque, em Sua infinita sabedoria, Deus nos designou para sermos auxiliadoras de nossos maridos.

AUXILIADORA

A esposa é fundamental no projeto divino que é a família. Imagine que, desde o início, Deus viu que não era bom que o homem estivesse só e decidiu:

> *Far-lhe-ei uma auxiliadora que lhe seja idônea.*
> — GÊNESIS 2,18

> Uma família bem-sucedida é, verdadeiramente, uma expressão do amor e da sabedoria divina.

Ao reconhecer que o homem precisava de uma ajudadora, Deus não apenas definiu a incapacidade do homem de fazer tudo sozinho, como também revelou que não havia ninguém mais qualificado para exercer esse papel de auxiliar do que a mulher.

Mesmo que alguns possam não entender completamente esse propósito, Deus nos criou para caminhar ao lado de nossos maridos, apoiando-os em todos os aspectos da vida, inclusive no governo do lar.

Somos chamadas a ser vozes de sabedoria e discernimento nas decisões familiares. Assim, é importante questionar se, ao aconselhar nosso marido, estamos respeitando sua autoridade e pensando realmente na harmonia do lar.

119

O PAPEL DIVINO DA FAMÍLIA

A história de Abraão e Sara nos ensina valiosamente sobre isso. Quando Sara encorajou Abraão a tomar uma decisão difícil, Deus confirmou a importância de ouvir a sabedoria dela, dizendo:

> *Atende a Sara em tudo o que ela te disser.*
> — GÊNESIS 21,12

Isso nos mostra que aconselhar e compartilhar nossas percepções com nosso marido é um ato abençoado e incentivado por Deus. Portanto, mulher, você é chamada a ser uma verdadeira ajudante de seu marido. Seu papel é fundamental na construção de um lar que honra e glorifica a Deus, começando pelo cuidado e pelo zelo em seu casamento.

SUBMISSA

Agora eu quero falar com você sobre o segundo dever da mulher no casamento. Assumo que esse dever é, muitas vezes, motivo de polêmica. Algumas mulheres, quando ouvem essa palavra, sentem-se até mesmo agredidas. Posso afirmar, porém, que a atração e o desejo da mulher estão diretamente relacionados à admiração e ao respeito que ela sente pelo marido.

Quantas vezes achamos que somos independentes, damos conta do recado e fazemos acontecer sozinhas? Queremos um homem bem-posicionado, um homem que resolva os problemas, que tome a frente das coisas, mas não permitimos que eles façam nada! Como um trator, passamos por cima deles e depois reclamamos que não nos sentimos cuidadas, que estamos cansadas e que eles não se posicionam. Mas como um homem vai fazer algo se você já faz tudo? "Ah, mas, se eu não fizer, ninguém faz." Pois deixe sem fazer! Enquanto você não se submeter ao seu marido, seu casamento não vai mudar. Cada um foi chamado para exercer um papel, então não queira assumir o papel que não lhe pertence!

Você pode, sim, ser forte e corajosa, mas não inverta papéis nem atropele seu marido. Não enfraqueça a masculinidade dele. Descanse em ser esposa, cuidada, protegida e amada. Desfrute a proteção e a provisão de seu marido.

ADMINISTRADORA DO LAR

O terceiro dever da mulher no casamento é ser administradora do lar. A Bíblia menciona as mulheres como "donas de casa", tanto no Antigo quanto no Novo Testamento. Isso não significa que a casa seja exclusivamente delas, mas sim que a responsabilidade pelo cuidado e gestão do lar recai sobre a esposa. Pode a esposa trabalhar fora? Claro que sim! Hoje, a maioria das mulheres trabalha e contribui para o sustento da família. Não acredito que isso seja errado, mas é importante entender que, para Deus, o cuidado do marido, dos filhos e da casa deve ser a nossa prioridade. Não podemos negligenciar nosso lar.

No próximo capítulo, que trata sobre a administração de prioridades da mulher, falo mais detalhadamente sobre isso. Nossa vida pública (trabalho fora) precisa ser o reflexo da nossa vida no privado. Não comprometa sua família por nada externo. Deus sempre nos honra quando cuidamos de Suas coisas. Tenho certeza de que não lhe faltará nada quando você priorizar a vontade de Deus em sua vida.

Tem algo que meu marido, Thiago, sempre fala: "Precisamos, em primeiro lugar, cuidar da nossa salvação, do nosso relacionamento com Deus, e depois nos esforçarmos para construir nossa família e, então, as demais coisas são acrescentadas". De que vale ganhar o mundo e perder sua casa? De que vale ganhar muito dinheiro se a família for destruída? Nosso legado está dentro da nossa casa.

Prosperidade não significa ter muito dinheiro. Significa ter os recursos necessários para cumprir seu propósito e estar no centro da vontade de Deus.

> *Se vocês obedecerem fielmente ao Senhor, o seu Deus, e seguirem cuidadosamente todos os seus mandamentos que hoje dou a vocês, o Senhor, o seu Deus, os colocará muito acima de todas as nações da terra. Todas estas bênçãos virão sobre vocês e os acompanharão se vocês obedecerem ao Senhor, o seu Deus: Os filhos do seu ventre serão abençoados, como também as colheitas da sua terra e os bezerros e os cordeiros dos seus rebanhos. Vocês serão abençoados em tudo o que fizerem. O Senhor concederá que sejam derrotados diante*

> *de vocês os inimigos que os atacarem. Virão a vocês por um caminho e por sete fugirão. O Senhor enviará bênçãos aos seus celeiros e a tudo o que as suas mãos fizerem. O Senhor, o seu Deus, os abençoará na terra que dá a vocês. O Senhor fará de vocês o seu povo santo, conforme prometeu sob juramento se obedecerem aos mandamentos do Senhor, o seu Deus, e andarem nos caminhos Dele. Então todos os povos da terra verão que vocês pertencem ao Senhor e terão medo de vocês. O Senhor concederá grande prosperidade a vocês, no fruto do seu ventre, nas crias dos seus animais e nas colheitas da sua terra, nesta terra que ele jurou aos seus antepassados que daria a vocês. O Senhor abrirá o Céu, o depósito do Seu tesouro, para enviar chuva à sua terra no devido tempo e para abençoar todo o trabalho das suas mãos. Vocês emprestarão a muitas nações e de nenhuma tomarão emprestado. O Senhor fará de vocês a cabeça das nações e não a cauda. Se obedecerem aos mandamentos do Senhor, o seu Deus, que hoje dou a vocês e os seguirem cuidadosamente, vocês estarão sempre por cima, nunca por baixo.*
> – DEUTERONÔMIO 28,1-2, 4, 6-13

AMANTE DO MARIDO

O quarto dever da mulher no casamento é ser amante do marido.

> *A mulher não tem poder sobre o seu próprio corpo, e sim o marido; e também, semelhantemente, o marido não tem poder sobre o seu próprio corpo, e sim a mulher.*
> – 1 CORÍNTIOS 7,4

Sei que pode soar um tanto controverso, mas preciso dizer que, infelizmente, muitas mulheres cristãs estão, sem perceber, afastando seus maridos cristãos e levando-os ao adultério. Paulo destacou algo crucial sobre a importância da intensidade e frequência das relações sexuais, algo que muitos casais têm negligenciado:

> *Não se recusem um ao outro, exceto por mútuo consentimento e durante certo tempo, para se dedicarem à oração. Depois, unam-se de novo, para que Satanás não os tente por não terem domínio próprio.*
> – 1 CORÍNTIOS 7,5

Deus instruiu a suprir a necessidade de intimidade do seu cônjuge, não a negar! Ignorar a importância da intimidade abre espaço para problemas no casamento. Muitas mulheres pensam que podem decidir se o marido merece ou não esses momentos. Sexo é uma responsabilidade, uma obrigação mútua! Se vier acompanhado de amor e romantismo, é perfeito. Caso contrário, ainda é uma responsabilidade que deve ser cumprida. Algumas mulheres acreditam que o sexo deve ser uma recompensa pelo comportamento do marido.

Ao fazer isso, estão, na verdade, se comportando de forma inadequada. Sei que isso pode parecer chocante, mas deixe-me explicar. Agindo dessa maneira, essas esposas estão oferecendo intimidade em troca de presentes, favores ou atitudes. Mesmo que não seja por dinheiro, ainda estão se vendendo! Sexo não deve ser uma transação, mesmo que a "moeda" seja emocional. Não deve ser visto como uma troca; o sexo deve ser uma entrega, uma expressão de amor (sacrificial, se necessário). É uma doação, não uma venda, pois quando se conecta o ato sexual a algum tipo de pagamento, mesmo emocional, ele se transforma em uma simples troca.

Atenção, mulher: a frequência da vida sexual deve ser guiada não apenas pelo seu desejo, mas também pela necessidade do seu cônjuge.

Lembrando também de outro valor bíblico:

> *A alma farta pisa o favo de mel, mas para a alma faminta, todo amargo é doce.*
> – PROVÉRBIOS 27,7

Manter seu marido satisfeito, tanto emocional quanto fisicamente, é uma maneira eficaz de protegê-lo contra tentações externas. Quando o coração e as necessidades do seu parceiro são atendidos dentro do casamento, as tentações do mundo exterior perdem o apelo. Mesmo as propostas mais tentadoras de infidelidade serão rejeitadas. No entanto, para aquele que não tem suas necessidades supridas, qualquer oportunidade de pecado que surgir pode se tornar extremamente atraente e sedutora. Para viver plenamente seu chamado, mulher, é necessário buscar constantemente a sabedoria que vem do Senhor, pois "o temor do Senhor é o princípio da sabedoria" (Provérbios 9,10).

Ser esposa é abraçar um papel de amor, de apoio e de parceria. Ao lado de nossos maridos, somos chamadas a caminhar em respeito mútuo e cooperação, contribuindo para o crescimento espiritual e emocional do nosso lar. Que possamos ser mulheres que refletem a sabedoria e o amor de Deus em nosso casamento, sendo auxiliadoras idôneas, submissas, administradoras do nosso lar e amantes dos nossos maridos.

Os papéis do marido

Nossos maridos dentro do lar também ocupam um papel muito especial, que vai muito além de serem apenas o "cabeça da família". Essa é verdadeiramente uma missão de amor, liderança e entrega.

Ser o guia da família não significa liderar com mão pesada e, sim, com mãos abertas, prontas para servir, amar e proteger. Essa forma de liderar não é uma busca por reconhecimento, mas consiste na alegria do serviço e na firmeza de caráter. Nosso marido, ao assumir seu papel, se torna um modelo de encorajamento, orientando o lar segundo os ensinamentos do Senhor e sendo a base que nos sustenta.

As Escrituras nos falam com clareza:

> *Maridos, amem suas esposas, como Cristo amou a igreja e entregou-se por ela.*
> – EFÉSIOS 5,25

Esse amor é uma decisão diária de colocar o outro em primeiro lugar, de cuidar e respeitar, indo além do simples sentir. É olhar para a esposa e ver uma companheira de jornada, dedicando-se a promover sua alegria e seu crescimento. É colocar suas energias em tudo o que vai beneficiar sua família, por amor a ela.

A Palavra também nos ensina sobre o equilíbrio e o respeito mútuo no casamento:

> *O marido deve cumprir seus deveres conjugais para com a esposa, e da mesma forma a esposa para com o marido.*
> – 1 CORÍNTIOS 7,3-4

Esse versículo nos lembra que, no casamento, ambos, homem e mulher, são chamados a se cuidarem mutuamente, reconhecendo o igual valor que cada um possui aos olhos do Criador. O casamento, então, é essa linda dança de duas vidas que escolhem caminhar juntas, apoiando-se e crescendo unidas em amor.

Assumir a liderança do lar é abraçar um compromisso diário de amar a esposa como Cristo ama a igreja: um amor que purifica, que oferece proteção e encoraja o crescimento espiritual.

Deixarei aqui para você os cinco principais deveres de um marido, que formam as fundações sobre as quais se constrói um casamento abençoado e pleno. Essas responsabilidades são verdadeiros atos de amor, que, quando vividos com integridade, tecem a beleza de um lar segundo o coração de Deus. Reflita sobre elas e converse com seu marido.

CABEÇA DA MULHER

> *Quero, entretanto, que saibais ser Cristo o cabeça de todo homem, e o homem, o cabeça da mulher, e Deus, o cabeça de Cristo.*
> – 1 CORÍNTIOS 11,3

É comum observar como alguns homens, de modo equivocado, enxergam seu papel de líder do lar como uma posição de reconhecimento, especialmente por parte da mulher. No entanto, ao discutir as responsabilidades dos maridos, desejo destacar a importância das obrigações que o homem da casa deve assumir. Naturalmente, é parte do papel da esposa reconhecer e se submeter à liderança do companheiro, mas alguns homens esperam esse reconhecimento sem jamais terem cumprido as próprias responsabilidades. A negligência de muitos deles força suas esposas a assumir tarefas que não deveriam ser delas, e ainda assim, esses homens reclamam que suas posições foram tomadas.

Ser o cabeça do lar é uma missão confiada pelo próprio Deus, que vai além de uma posição de autoridade. É liderar com amor, servir com dedicação e encorajar cada membro da família a crescer em fé e em amor. Deus chama os maridos a liderarem como Cristo faz com a igreja: com graça, amor e proteção.

> *Quero, porém, que entendam que o cabeça de todo homem é Cristo, o cabeça da mulher é o homem e o cabeça de Cristo é Deus.*
> – 1 CORÍNTIOS 11,3

AMANTE DE SUA MULHER

Eis o mandamento divino:

> *Maridos, amai vossa mulher, como também Cristo amou a igreja e a si mesmo se entregou por ela, para que a santificasse, tendo-a purificado por meio da lavagem de água pela palavra.*
> – EFÉSIOS 5,25

Amar vai além de um simples sentimento; é uma decisão de se doar. Se o amor fosse puramente espontâneo, como muitos veem a paixão, não haveria necessidade de os maridos receberem a ordem divina para amar suas esposas. Deus ordenou o amor porque ele requer uma escolha consciente e uma decisão firme.

Deus quer que o marido ame sua esposa com o mais alto padrão de dedicação. Esse mandamento divino transcende sentimentos, sendo uma escolha diária de se doar, priorizar as necessidades dela acima das próprias, cuidar e honrar. Esse amor reflete o sacrifício de Cristo, que se entregou pela igreja. Portanto, amar é a tarefa mais nobre de um marido, fundamentada na decisão de construir um casamento que glorifica a Deus.

PARCEIRO SEXUAL DA ESPOSA

Você sabia, mulher, que seu prazer no ato sexual depende da decisão, da sensibilidade e da dedicação do seu marido?

> *E à mulher disse: Multiplicarei sobremodo os sofrimentos da tua gravidez; em meio de dores darás à luz filhos; o teu desejo será para o teu marido, e ele te governará.*
> – GÊNESIS 3,16

Esse desejo sobre o qual Deus está falando na Bíblia é o desejo sexual. Deus declarou à mulher: "O teu desejo será para o teu marido, e ele te governará".

De que governo está sendo falado aqui? O governo do desejo da mulher que dependeria do homem para ser ou não satisfeito. Porém, infelizmente ao longo da existência humana, muitos maridos, por falta de informação, muitas vezes negaram o prazer às suas esposas.

No casamento, o amor e a dedicação do marido nessa área são como a água e a luz do sol para as flores. A maneira como ele cuida desse jardim afeta profundamente o crescimento e a alegria dentro do relacionamento. É um convite a olhar além de si, a nutrir e a valorizar o coração da esposa, permitindo que o amor floresça bonito e forte.

Mulher, você deve entender que intimidade conjugal é um presente de Deus com o objetivo de unir marido e mulher não apenas fisicamente, mas em todos os aspectos da vida. A sensibilidade, a atenção e a dedicação do marido são essenciais para nutrir essa conexão, refletindo o cuidado mútuo e a profundidade desse compromisso.

Quero deixar aqui um exercício para a mulher que está passando por um período de desconexão com seu marido.

Durante sete dias, comprometa-se a fazer sexo com seu marido todos os dias. Você vai precisar ajudá-lo. Durante esse tempo, não briguem, não alimente pensamentos negativos sobre ele e se esforce para elogiá-lo o máximo que conseguir. Depois desse período, posso afirmar que seu relacionamento vai melhorar muito. Você pode pensar: "Todos os dias é impossível". Mas, se vocês não têm nenhum problema de saúde nessa área, é realmente possível, e apenas vai requerer seu esforço.

PROVEDOR DA ESPOSA E DA CASA

Outro dever importante do marido é prover as necessidades da mulher e de toda a família.

> *Assim também os maridos devem amar a sua mulher como ao próprio corpo. Quem ama a esposa a si mesmo se ama. Porque ninguém jamais odiou a própria carne; antes, a alimenta e dela cuida, como também Cristo o faz com a igreja; porque somos membros do seu corpo.*
> – EFÉSIOS 5,28-30

Quando o apóstolo Paulo fala sobre cuidar e alimentar a esposa, ele não está sugerindo que o homem deva cozinhar ou alimentar sua mulher literalmente. Ele se refere ao papel de prover para o lar como uma expressão de seu cuidado por ela. Negligenciar a provisão natural e o cuidado da família é um pecado muito grave.

> *Ora, se alguém não tem cuidado dos seus e especialmente dos da própria casa, tem negado a fé e é pior do que o descrente.*
> – 1 TIMÓTEO 5,8

Prover para a família é um ato de amor que reflete o cuidado do marido pelo bem-estar físico, emocional e espiritual do lar. Ser provedor é muito mais do que suprir necessidades materiais; é garantir um ambiente de amor, segurança e crescimento, onde cada membro se sente suprido.

SER PROTETOR

Quando se trata de proteção, muitos homens focam apenas no aspecto físico e se veem defendendo sua mulher com força. No entanto, a responsabilidade de um marido em proteger sua esposa e filhos começa com seu papel de líder espiritual, oferecendo uma cobertura de oração para o lar. Isso também inclui ensinar sua família a seguir os ensinamentos da Palavra de Deus, protegendo-os das influências do mundo e do pecado. Encorajo você, mulher, a inspirar seu marido a viver esse chamado divino com honra, refletindo o amor de Cristo no coração da família.

O papel dos filhos

Entendo que, como mãe, você tenha um coração cheio de esperança e de orações para que seus filhos cresçam no caminho do Senhor, obedecendo, honrando e escutando a sabedoria que Deus colocou em suas mãos para guiá-los.

A Bíblia nos ensina que os filhos devem "obedecer aos pais no Senhor, pois isso é justo" (Efésios 6,1) e que essa obediência agrada ao coração de Deus (Colossenses 3,20).

Toda mãe deseja ver seus filhos vivendo essa verdade, não apenas por uma questão de disciplina, mas como uma expressão do amor que eles têm por Deus e por você.

Deus também nos fala sobre a importância de honrar pai e mãe, prometendo-nos uma vida longa e abençoada como resultado (Efésios 6,2-3). Esse mandamento, querida mulher, é tão belo porque mostra a conexão entre o respeito aos pais e às bênçãos que Deus tem reservadas para nossos filhos.

É preciso lembrar, igualmente, que escutar não é apenas ouvir o que é dito, mas acolher no coração a sabedoria dos pais. Provérbios nos dá essa orientação, encorajando os filhos a valorizarem o ensino e a instrução que vêm de você (Provérbios 1,8; 13,1). Esse ato de ouvir com o coração é o que molda o caráter e o futuro deles, trazendo-os para mais perto de Deus e dos planos maravilhosos que Ele tem para cada um.

Eu sei que, às vezes, pode parecer um desafio gigantesco guiar nossos filhos neste mundo tão cheio de más influências. Mas quero encorajá-la a continuar semeando esses princípios bíblicos em seu coração. Suas orações, seu amor, sua orientação e seu exemplo são as maiores riquezas que você pode dar a eles. E lembre-se, você não está sozinha nessa jornada. Deus está com você, fortalecendo e guiando cada passo do seu caminho. E que, ao olhar para seus filhos, você veja o fruto das suas orações e o cumprimento das promessas de Deus para sua família!

Capítulo 11
ORGANIZAÇÃO DE PRIORIDADES DA MULHER

NESTE CAPÍTULO, VAMOS EXPLORAR JUNTAS como podemos encontrar paz e orientação no convite de Cristo. Ele não nos promete uma vida sem desafios, mas oferece um descanso para nossas almas, um alívio na pressão do cotidiano e uma nova maneira de olhar e estabelecer nossas prioridades, pois temos vivido em um tempo em que elas estão sendo distorcidas, causando na mulher uma sobrecarga.

Vamos mergulhar na beleza do equilíbrio, reconhecendo que, ao colocarmos nossas tarefas, nossas preocupações e nossos planos diante d'Ele, Ele nos permite recalcular a rota e organizar nossas rotinas segundo Sua vontade. Dessa forma, somos guiadas por uma administração de vida mais produtiva, porque Jesus nos ensina a discernir o que é verdadeiramente importante e nos capacita a gerir os dias com sabedoria.

Você já se perguntou quais são suas prioridades diárias? Já dedicou um momento para analisar, de verdade, sua rotina e observar como você tem organizado seus dias e onde tem concentrado sua atenção?

É muito importante fazer essa reflexão de vez em quando. Às vezes, podemos nos perder na correria do dia a dia e esquecer de nos perguntar: "Estou realmente dedicando tempo àquilo que mais valo-

rizo? Estou realmente vivendo de acordo com minhas prioridades e meus valores?".

Olhar para nossa rotina diária com atenção pode revelar muito sobre onde estamos colocando nossa energia e nosso tempo. Pode ser uma oportunidade para reavaliar nossas escolhas e, se necessário, fazer ajustes para alinhar nossas ações com o que verdadeiramente importa.

Então, quero encorajá-la a tirar um tempo para fazer essa reflexão. Pense sobre como tem administrado seu tempo. Avalie se suas atividades refletem suas necessidades mais profundas. Lembre-se de que cada dia é um presente precioso de Deus, e como escolhemos vivê-lo faz toda a diferença.

Ao fazer essa análise, você pode descobrir maneiras de enriquecer sua vida, concentrando-se no que realmente lhe interessa e fazendo escolhas diárias que refletem seus valores e seus objetivos mais verdadeiros. Essa é uma prática que pode trazer mais equilíbrio, mais satisfação e mais significado para sua vida.

Ao olharmos para nossas rotinas, que possamos identificar o que é realmente importante e, assim, perceber que, ao alinharmos nossas prioridades com as estabelecidas por Deus, estamos caminhando em direção a uma existência plena e abençoada.

Nesse caminho de aprendizado e crescimento, lembre-se: ao seguir uma agenda que reflita seus valores mais profundos, você encontrará a receita para o sucesso. Agora, convido você, querida mulher, a um momento de ponderação e conforto, inspirado nas sábias palavras de Jesus:

> *Venham a mim, todos que estão cansados e sobrecarregados, e eu lhes darei descanso. Peguem meu jugo sobre vocês e aprendam comigo, pois sou manso e humilde de*

coração, e vocês encontrarão descanso para suas almas. Pois meu jugo é suave e meu fardo é leve.
— MATEUS 11,28-30

Podemos olhar para a mulher de Provérbios 31 como um modelo. Ela administra com sabedoria, apoia seu marido, cuida bem de sua casa e de seus filhos, gerencia suas finanças, é hábil nas negociações, oferece conselhos sábios, ajuda os necessitados e realiza tudo com bondade e alegria. Suas escolhas diárias demonstram discernimento, ganhando o reconhecimento do marido, dos filhos e da sociedade.

Embora algumas mulheres evitem ler essa parte da Bíblia, considerando essa passagem sem relevância para os dias atuais, os princípios ensinados por essa mulher são preciosos e permanecem atuais.

Reflita sobre as seis prioridades da mulher que está alinhada com o modelo de Provérbios 31:

Primeira prioridade: o temor ao Senhor

Esse é o princípio da sabedoria, e a mulher sábia edifica seu lar. Temer ao Senhor é obedecer à Sua palavra em tudo, buscando excelência como se fosse para Deus.

A mulher virtuosa prioriza seu relacionamento com Deus, dedica tempo diário à oração e à leitura da Palavra e busca orientação divina e força para cada novo dia. Ela sabe que, colocando Deus em primeiro lugar, todas as outras coisas lhe serão acrescentadas, incluindo a força necessária para suas responsabilidades diárias.

Segunda prioridade: o marido

A Bíblia ensina que o casamento é um compromisso vitalício, "até que a morte os separe".

Esse entendimento transformou minha vida. Quando me casei com Thiago, negligenciava nosso casamento, colocando outras coisas em primeiro lugar. Isso gerava conflitos constantes. Meu relacionamento com Thiago estava marcado pelas minhas inseguranças do passado, e eu vivia na defensiva, esperando uma eventual separação.

Quando entendi que para Deus o casamento é um compromisso indissolúvel, "até que a morte nos separe", comecei a focar verdadeiramente nossa união. E foi aí que tudo começou a mudar. Ao reajustar minhas prioridades e dar ao Thiago o lugar de destaque que ele merecia em nossa relação, nosso casamento começou a florescer. Passei a cuidar mais dele e a respeitá-lo ainda mais, e, em resposta, ele também se dedicou mais a mim e à nossa família.

Thiago veio de um lar onde sua mãe era a principal líder, e ele, sem se dar conta, esperava que eu assumisse um papel semelhante. Depois de muitas discussões e lágrimas, quando eu finalmente abracei meu papel na relação, Thiago começou a valorizar mais minha contribuição e a preferir que eu me dedicasse mais a ele e ao lar do que ao trabalho externo.

Uma mudança notável aconteceu desde então: Thiago, que antes sofria com crises de ansiedade, foi curado. Acredito que, inconscientemente, ele tentava chamar a atenção por sentir falta de cuidados. Hoje, posso afirmar com convicção que nossa vida conjugal melhorou em todos os aspectos, desde a saúde financeira até o bem-estar de nossos filhos, que agora crescem em um ambiente familiar mais estável e seguro.

Essa experiência me ensinou o poder da dedicação e do amor no casamento. Ao colocarmos nosso parceiro e nossa família como prioridades, alinhando nossas ações com os princípios de Deus, podemos experimentar uma transformação profunda e positiva em nossa vida conjugal.

Terceira prioridade: a casa

Você pode se questionar: "Casa? Mas não deveriam os filhos virem antes?". A resposta que eu ofereço é afirmativa: sim, a casa, pois é em nosso lar que os filhos são formados. Quando cultivamos um relacionamento com Deus e um casamento saudável, criamos uma casa repleta de amor e paz, o que, por si só, é um terreno fértil para que os filhos prosperem.

As crianças necessitam de:
* Pais que amam e temem a Deus.
* Um casamento estável e saudável.

* Um lar organizado e acolhedor, no qual suas necessidades básicas são atendidas e a harmonia e o amor reinam.

Quarta prioridade: os filhos

> *Os filhos são herança do Senhor, uma recompensa que ele dá.*
> – SALMOS 127,3

É lamentável que nossa geração, centrada em si mesma, minimize o privilégio da maternidade, colocando sonhos e aspirações pessoais acima da criação dos filhos.

Mulher, lembre-se de que Deus nos dotou com uma força física e emocional notáveis, únicas à condição feminina.

Por que Deus nos fez assim? Para gerar vida! Nossa natureza gera vida! Quando nos afastamos do propósito para o qual fomos criadas, caminhamos na direção oposta, gerando morte. Isso pode se manifestar quando usurpamos o papel de nossos maridos, negligenciamos o lar, ou quando impedimos a vida de fluir do nosso ventre, literalmente. A masculinização feminina tem, em alguns casos, enfraquecido homens e prejudicado crianças. Tenha a certeza de que, ao estar no centro da vontade de Deus, geramos vida.

Os filhos são bênçãos divinas em nossas vidas. A verdadeira realização se dá por meio da entrega, da submissão e do sacrifício. Ser mãe é sinônimo de renúncia; demanda dedicação para formar o caráter, amar, apoiar... E esse é, sem dúvida, o sacrifício mais gratificante.

Ao estabelecermos prioridades e não nos dedicarmos exclusivamente aos desejos dos nossos filhos, evitamos criar indivíduos narcisistas.

Quinta prioridade: cuidado pessoal

Cuidar de si mesmo é uma expressão de amor. Manter corpo, alma e espírito saudáveis é o melhor presente que podemos oferecer àqueles que amamos. Portanto, cuide do seu corpo: exercite-se, alimente-se de modo saudável, faça exames de rotina. Cuide do seu cabelo, das suas unhas e da sua pele. Escolha bem suas vestimentas. Atente para suas emoções. Fortaleça seu espírito.

Isso tudo transmite amor à sua família. Todo homem se regozija ao ter uma companheira bem cuidada, e os filhos também apreciam isso.

Sexta prioridade: a vida pública

Muitas mulheres priorizam a vida pública, vivendo de forma egocêntrica. Mas deixe-me dizer algo a você, mulher: se seu lar está em desordem, se seu casamento falha, se seus filhos estão perdidos, é arriscado demais continuar investindo e priorizando a vida pública.

Que sentido faz trabalhar incessantemente, ajudando pessoas fora de casa, se dentro dela há ruínas? O que adianta ganhar o mundo e perder a própria casa? Quando o lar está em ordem, a vida pública torna-se um reflexo disso, o transbordamento do que está acontecendo internamente. Como já mencionado, a mulher é multifacetada e exerce influência na sociedade, desempenhando papéis cruciais que começam de dentro para fora.

Como muitas de vocês, eu sou um exemplo improvável de alguém que Deus tem usado, e me esforço todos os dias para cumprir meu papel como mulher, para não esquecer quais são minhas prioridades. Assim, diariamente, reviso se tive um tempo de qualidade com Deus, se honrei meu marido, se organizei minha casa, se atendi às necessidades dos meus filhos, se cuidei de mim mesma, e assim por diante. Só, então, volto minha atenção para o exterior. Ao fazer isso, meus dias se tornam mais leves. Posso dizer que minha produtividade aumentou tanto em casa quanto fora dela.

Capítulo 12
A ARTE DE CULTIVAR RELACIONAMENTOS SAUDÁVEIS

NESTE CAPÍTULO, MULHER, convido você a mergulhar comigo na complexidade e na beleza dos nossos relacionamentos. Juntas, exploraremos os diversos tipos de personalidades que Deus colocou em nosso caminho, a grande importância de uma comunicação clara e ativa e as linguagens de amor que nos permitem expressar e receber afeto de maneiras profundamente significativas.

À luz dos ensinamentos bíblicos, descobriremos como esses elementos se entrelaçam para enriquecer nossas interações, permitindo-nos amar com maior plenitude e refletir o amor de Deus em cada aspecto de nossas vidas. Você pode aprender a lidar com os altos e baixos dos relacionamentos, criando uma troca positiva de crescimento e gratidão. Ao cuidarmos dos nossos relacionamentos com amor e dedicação, estamos honrando a Deus e enriquecendo tanto nossas vidas como as vidas daqueles ao nosso redor.

Um jardim a ser cultivado

Em nossa jornada pela vida, encontramos muitos jardins. Alguns estão repletos de flores, vibrantes e cheios de cor, enquanto outros parecem negligenciados, com suas potencialidades escondidas sob ervas daninhas. Os relacionamentos são como esses jardins, visto que requerem cuidado, atenção e, acima de tudo, amor para florescer.

Certa vez, ouvi uma história sobre um jardineiro habilidoso que, com paciência e dedicação, transformava os espaços mais desolados em obras de arte vivas. Esse jardineiro é Deus, e Ele nos ensina que, com amor e compreensão, podemos cultivar os jardins de nossos relacionamentos para que eles sejam reflexos de Sua beleza e bondade.

Antes de plantarmos qualquer semente em nosso jardim, precisamos preparar o solo. Nos relacionamentos, isso significa olhar para dentro de nós, reconhecendo e removendo as pedras de ressentimentos, as ervas daninhas da insegurança e os espinhos do orgulho. Assim como o solo precisa ser fértil para que as sementes cresçam, nosso coração precisa estar aberto e receptivo para cultivar sentimentos saudáveis e de compreensão.

Jesus nos ensinou que o maior mandamento é amar a Deus sobre todas as coisas e amar o próximo como a nós mesmos. Esse é o fundamento sobre o qual devemos construir todos os nossos relacionamentos. Amar é um ato de vontade, uma decisão de plantar sementes de bondade, paciência, perdão e encorajamento no jardim de nossas relações diárias.

Cada planta em nosso jardim tem suas necessidades únicas de luz e água. Da mesma forma, cada pessoa com quem nos relacionamos tem as próprias necessidades emocionais e espirituais. A compaixão é a água que nutre essas necessidades, permitindo que as pessoas ao nosso redor cresçam e floresçam. Quando nos colocamos no lugar do outro, entendemos suas dores e suas alegrias, e nossas ações se tornam regadas de empatia e cuidado.

Em qualquer jardim, a poda é essencial para o crescimento saudável das plantas. Ela remove o que está morto ou o que impede o crescimento. Nos relacionamentos, isso pode significar cortar comportamentos prejudiciais, resolver mal-entendidos e perdoar as falhas. É um processo doloroso, mas necessário, que nos permite crescer em amor e maturidade.

Os frutos de um jardim bem cuidado são uma recompensa pelo trabalho árduo do jardineiro. Em nossas relações, os frutos são os momentos de alegria, as memórias compartilhadas, o apoio mútuo nos momentos de dificuldade e a paz que vem ao saber que estamos fazendo a vontade de Deus. Esses frutos não são apenas para nosso próprio deleite, mas também para serem compartilhados com os outros, espalhando o amor de Deus por onde passamos.

Querida mulher, seja como um jardineiro diligente dos relacionamentos que Deus tem confiado a você. Que possamos trabalhar com amor, paciência e fé, sabendo que, mesmo nos dias mais difíceis, a luz de Deus pode transformar qualquer espaço desolado em um jardim de esperança e beleza.

Personalidades e linguagens de amor

No mundo dos relacionamentos, existe uma diversidade e uma riqueza de personalidades, pois Deus nos criou únicos. Compreender essas variedades é o segredo para nutrir relações saudáveis e completas.

Existe um tipo de modelo de avaliação comportamental baseado na teoria do psicólogo William Moulton Marston, o qual ficou conhecido como DISC. Ele categoriza os comportamentos em quatro tipos principais: Dominância (D), Influência (I), Estabilidade (S) e Conformidade (C). Cada letra representa um estilo de personalidade com características específicas sobre como as pessoas se comportam diante dos desafios, influenciam os outros, respondem ao ritmo do ambiente e seguem regras e procedimentos. O objetivo do DISC é entender melhor as diferenças individuais e promover uma comunicação e interações mais eficazes entre as pessoas.

Os tipos de personalidade podem ser simplificados em quatro categorias principais, inspiradas nos estilos DISC:

* **Dominante:** pessoas assertivas, decididas e orientadas a resultados. Elas gostam de enfrentar desafios e são muito competitivas.
* **Influente:** indivíduos sociáveis, entusiasmados e otimistas. Eles são excelentes comunicadores e gostam de motivar os outros.
* **Estável:** caracteriza-se por serem confiáveis, pacientes e bons ouvintes. Valorizam a harmonia e a estabilidade nas relações.
* **Conforme:** pessoas analíticas, meticulosas e que priorizam a qualidade. Elas apreciam a ordem, os detalhes e são muito conscientes.

Por isso, mulher, saiba que cada membro da sua família possui uma combinação única de traços de personalidade que influencia como eles interagem com você e com o mundo ao seu redor. Eu, por exemplo, tenho uma personalidade dominante e estável, focada em resultados e detalhes, mas com um forte senso de responsabilidade para com os outros. Já Thiago, meu marido, com sua mistura estável e influente, exibe uma notável inteligência emocional, oferecendo sempre um ouvido atento e conselhos ponderados.

Arthur, meu filho mais velho, é estável, paciente e bom ouvinte, dotado de grande compreensão e bondade, por isso cativa a todos com sua habilidade de se conectar emocionalmente. Joanna, dominante em sua essência, é estratégica e decidida, utilizando sua leitura de ambientes para alcançar seus objetivos. Apesar desse temperamento forte, ela é extremamente compassiva e amável.

Enrico, por sua vez, meu caçula, tem um espírito influente e um toque de dominância. Ele é muito sociável e demonstra uma grande disposição para a diversão.

Como filhas de Deus, somos convidadas a olhar para cada pessoa ao nosso redor, reconhecendo a imagem e semelhança divina em suas personalidades variadas.

Seja na determinação do Dominante, na alegria do Influente, na paciência do Estável ou na meticulosidade do Conforme, há uma lição de amor a ser aprendida e compartilhada. Abrace essa diversidade com o coração aberto, pronta para crescer, aprender e amar de maneira plena, conforme Jesus nos ensina.

O amor presente na boa comunicação

Agora, quero falar com você sobre como **uma comunicação clara e ativa pode servir como alicerce sobre o qual os relacionamentos se constroem e prosperam**. Posso afirmar que esse é o ponto forte do meu relacionamento com o Thiago.

Apesar da minha tendência para o hiperfoco e para a impulsividade, eu me desafio a parar e a ouvir ativamente, especialmente diante das necessidades comunicativas do Thiago, que prefere refletir antes de falar. Entendemos que cada um de nós tem um estilo único de comunicação que reflete a própria personalidade. Sabemos que precisamos ter uma combinação clara, ativa e constante. Então, não adiamos nenhum assunto, conversamos e resolvemos na hora, seja sobre nosso relacionamento, seja sobre os filhos, o ministério ou o trabalho. Nunca tardamos para resolver nenhum assunto.

Dessa forma, não alimentamos suposições em nossa mente, trazendo clareza na nossa relação e gerando, assim, uma conexão mais profunda. Hoje, nós nos conhecemos até pelo olhar!

Ao reconhecer e ao adaptar nossos estilos para melhor complementar os dos nossos entes queridos, podemos superar mal-entendidos e construir relacionamentos mais profundos.

Gary Chapman, um renomado autor e conselheiro matrimonial, introduziu o conceito das cinco linguagens de amor para explicar como expressamos e recebemos amor de maneiras distintas.

* Palavras de afirmação: dizer "eu te amo" e outros elogios que aquecem o coração.
* Atos de serviço: fazer algo pelo outro que você sabe que ele vai adorar.
* Receber presentes: dar um presente que diz "pensei em você".
* Tempo de qualidade: dedicar momentos exclusivos para estar juntos.
* Toque físico: compartilhar abraços e carinhos que confortam.

Entender como cada um expressa e recebe amor ajuda a fortalecer nossos laços familiares e facilita a expressão do amor de forma que seja mais significativa para cada um. Por exemplo, aprendi que gestos simples de serviço e um abraço sincero podem dizer a Thiago, Arthur e Enrico o quanto eles são preciosos para mim, enquanto Joanna se ilumina com presentes e momentos especiais que passamos juntas.

Saber disso me motiva a demonstrar que entendo e valorizo o que é importante para cada um deles. Reconhecer e adaptar nossas ações conforme as linguagens de amor de quem amamos não só nos aproxima, mas enriquece nossas relações com entendimento e cuidado mútuo.

Diante dessas reflexões, convido você, mulher, a explorar as personalidades e as linguagens de amor das pessoas em sua vida. Tenho certeza de que você descobrirá novas maneiras de fortalecer esses laços, comunicar-se efetivamente e, acima de tudo, amar e ser amada de maneira autêntica e gratificante, como merece!

3
ESTILO DE VIDA, EDUCAÇÃO E COMPORTAMENTO

Capítulo 13
VOCÊ SABIA QUE SUA IMAGEM COMUNICA?

NESTE CAPÍTULO, quero abordar um tema que, para mim, tem muita importância e que, muitas vezes, vejo ser mal interpretado: a maneira como nos apresentamos ao mundo e o impacto que nossa aparência tem sobre a percepção das outras pessoas.

Eu mudei muito o modo de me vestir ao longo dos anos. Não tinha um estilo que realmente revelasse meu verdadeiro eu, como Deus havia me criado para ser.

Ao contrário, eu me apresentava de um modo mais vulgar. Todas as minhas roupas eram muito decotadas, coladas e curtas, e eu vestia sempre algo que mostrasse a barriga. A última coisa que me importava era ser uma mulher elegante; o que eu queria mesmo era chamar a atenção.

Antes de entrar no assunto imagem e estilo, no entanto, quero contar um pouco da minha história em relação a esse tema, porque na minha vida houve uma mudança brusca nessa área desde que tive um encontro com Jesus e descobri minha real identidade.

Durante muitos anos, achei que meu valor estava no meu corpo. A falta precoce de paternidade me fez entrar em uma carência profunda. Eu buscava sempre atrair os olhos masculinos para me sentir amada.

Usava shortinhos, muita barriga de fora, vestidos curtos e colados. Se eu saísse para uma festa e não atraísse os olhares masculinos, a noite teria acabado para mim, pois eu me sentia rejeitada, feia, sem valor e, para piorar, isso acontecia mesmo depois de casada.

Talvez você ou alguma amiga se identifique com minha história, por isso quero dizer uma coisa: Deus tem uma identidade que vem d'Ele e não combina com essa! Cheguei a uma fase da minha vida em que tive um encontro genuíno com Jesus e, realmente, renasci. Surgiu, então, uma nova mulher, que nem eu mesma conhecia. Uma das grandes mudanças foi justamente na maneira de me vestir. O que Deus tinha para mim não cabia naquelas vestimentas, não comunicava o que Ele queria transmitir através da minha vida. Comecei a me sentir mal quando usava aquelas roupas e a sentir vergonha. Era como se o Espírito Santo estivesse sinalizando que aquilo não era para mim. Troquei todo meu guarda-roupa, fiquei sem absolutamente nenhuma peça da antiga Isabela. Posso definir isso como um momento de resgate.

> *Pois ele nos resgatou do domínio das trevas e nos transportou para o Reino do seu Filho amado, em quem temos a redenção, a saber, o perdão dos pecados.*
> — COLOSSENSES 1,13-14

Recentemente, eu estava na igreja, e um amigo pastor e profeta trouxe uma palavra, em que ele dizia que me via quando adolescente e descreveu minha roupa e o lugar onde eu estava, inclusive como era o bar, todo cercado de homens que me observavam. Em seguida, ele falou que Satanás usava a forma como eu me vestia para destruir minha identidade, mas logo após disso ele via um ancião de cabelos brancos (figura de Deus) entrando naquele lugar e me resgatando. Ele me olhava com o olhar piedoso, me pegava pela mão, me abraçava e trocava minhas vestes. Escrevo isso chorando, porque sei que foi o que aconteceu comigo — Deus trocou minhas vestes! Em seguida, o pastor continuou e disse: "O instrumento que Satanás quis usar para destruir você (a roupa), Deus transformou em uma arma. Agora, você não se veste para o mundo físico e, sim, para o mundo espiritual. Suas vestes são uma arma contra Satanás".

Mulher, Deus nos gerou únicas, desde o ventre da nossa mãe Ele estabeleceu uma missão para mim e para você. Nossa personalidade, nosso estilo, nossas cores, tudo foi pensado por Deus. Você é única, não morra padronizada! Nós somente precisamos encontrar nossa identidade n'Ele. A palavra de Deus fala que Seu povo perece por falta de conhecimento, e eu quero incentivar você a buscar conhecimento nessa área para descobrir sua melhor versão.

Deus quer trocar as suas vestes

Existe uma nova estação para sua vida, e ela vem acompanhada de um novo modo de se vestir. Quando Deus troca a estação, Ele troca também a aparência da estação, troca a roupagem, pois a aparência visual comunica a estação vigente.

Alguns anos atrás, tive a oportunidade de passar por uma consultoria de imagem e estilo com uma amiga querida, e foi uma experiência enriquecedora. Infelizmente, muitas pessoas consideram esse tipo de serviço superficial e puramente estético. Que desperdício! Para mim, foi uma chance valiosa de aprofundar a compreensão sobre quem sou, quais são minhas referências, o que gosto e o que me faz sentir bem, além de entender melhor a mensagem que desejo transmitir através da minha aparência.

Sugiro que você faça a si mesma a seguinte pergunta: "Que aspecto da minha essência quero expressar através das minhas escolhas de vestuário?". E não se trata apenas de roupas. Envolve também tecidos, cores, estampas, cortes, comprimentos, combinações, acessórios, penteados, maquiagem (ou a ausência dela) e até a aparência das unhas. Cada detalhe comunica algo. Realizar essa consultoria também me ajudou a organizar melhor meu guarda-roupa e a economizar, pois passei a fazer compras de maneira mais consciente.

Mesmo aquelas pessoas que afirmam não se importar com a aparência estão, na verdade, comunicando uma mensagem com essa atitude. Para expressar nossa essência de maneira autêntica por meio do visual, é necessário olhar para dentro de nós mesmas e buscar referências e inspirações que ressoem nossa identidade. É um processo fascinante! No meu caso particular, foi especialmente leve e divertido, conduzido por uma pessoa incrível que amo e com quem compartilho uma grande afinidade.

E por que estou lhes apresentando isso? Porque assim como entrei nessa jornada com uma amiga que me ensinou muito, quero convidar você a entrar nessa mesma jornada comigo. Vou ensinar tudo o que aprendi, o passo a passo de como aprendi a alinhar meu interior com meu exterior e, assim, alcançar minha melhor versão.

O que sua roupa tem comunicado?

A imagem pessoal não se limita apenas à moda. Ela transcende as roupas que vestimos ou as tendências que seguimos. Imagem é tudo o que é visível em nós.

Ela se manifesta nas coisas e nos objetos, mas também em cada pessoa. Nossa imagem vai muito além do que vestimos; ela engloba nosso comportamento, nossa postura e nossa essência. Não se trata apenas de escolher um look bonito, mas tudo o que é visível e perceptível em nossa presença.

EXEMPLO: CAIXA BONITA *VERSUS* PACOTE SIMPLES

Considere este exemplo interessante: uma caixa de presente atraente *versus* um pacote simples. Em uma pesquisa, sem revelar o conteúdo de cada um, perguntaram: "Qual você escolheria para dar de presente e qual você gostaria de receber?".

O resultado foi que 99% das pessoas preferiram a caixa bonita. Mas por que a maioria optou pela caixa? Porque, inconscientemente, a caixa transmite uma percepção maior de valor. A forma, a cor, o volume e o tamanho da caixa, com outros fatores, comunicam uma mensagem de qualidade. Esses elementos despertam emoções comuns a quase todos os que compararam os dois tipos de embalagem, gerando um senso comum.

Esse senso comum acontece quando as pessoas percebem algo do mesmo modo, de maneira involuntária. Com base nesses pontos, concluiu-se que dentro da caixa bonita poderia haver algo superior ao que estaria dentro do pacote simples. Esse último (pacote simples), com material, cor e estampa diferentes, causou outra sensação, que o fez não ser o pacote preferido.

Por meio dos códigos de imagem presentes na caixa, ela conseguiu transmitir qualidade e criar a expectativa de que algo melhor estaria lá dentro. Interessante, não é? Mesmo que o conteúdo fosse simples, como meias ou balas, a expectativa criada poderia levar à frustração, enquanto o pacote simples, que poderia conter algo valioso, foi o menos escolhido.

Com isso, quero dizer que o conteúdo interno alinhado com a aparência externa é essencial. A sua autenticidade interna precisa refletir em sua apresentação externa! Investimos tempo em nosso crescimento pessoal por meio de cursos, livros e momentos de reflexão. Por que não dedicar uma atenção também à nossa imagem pessoal?

Sua imagem é seu cartão de visitas, a primeira impressão que os outros têm de você. O modo como você se apresenta ao mundo desempenha um papel fundamental em como é percebida e nas oportunidades que atrai. Portanto, cultivar uma imagem que reflita verdadeiramente quem somos é um investimento valioso em nosso caminho para o sucesso e a autoexpressão.

Farei agora algumas perguntas importantes que podem ajudar você a refletir sobre a maneira como se apresenta ao mundo e como isso afeta a sua interação com os outros.

* Como sua imagem atual influencia a percepção que os outros têm de você?
* Qual é sua própria percepção sobre si mesma?
* Que valor você está comunicando por meio da sua imagem?
* Sua imagem está alinhada com o que você realmente é por dentro?

Como ressaltei, é essencial que haja harmonia entre o que somos internamente e a forma como nos apresentamos externamente. Se sua imagem refletir verdadeiramente o que carrega no seu interior, você estará em posição de alcançar todo seu potencial. E essa é a verdadeira coerência.

Primeira impressão: a marca que permanece

A primeira impressão é decisiva, mulher! Sabia que você tem apenas seis segundos para promover uma boa primeira impressão? Nesse breve momento, não é possível compartilhar sua história de vida ou suas conquistas. Nos primeiros segundos de um encontro, formamos, muitas vezes inconscientemente, uma opinião sobre alguém, baseada em sua aparência, em seus gestos e sua postura, antes mesmo de uma palavra ser dita.

Cerca de 90% das informações que o cérebro processa são visuais. Imagens são processadas 60 vezes mais rápido do que textos, e a probabilidade de nos lembrarmos de uma informação aumenta de 10% para 65% quando acompanhada por uma imagem.[1] Por isso é muito comum ouvir a seguinte frase: "Uma imagem vale mais que mil palavras". Sua imagem fala por você antes mesmo de dizer qualquer coisa! Lembre-se de que você é vista antes mesmo de ser ouvida. Vivemos em uma era dominada pelo visual, em que vemos primeiro e ouvimos depois. A história da rainha Ester ilustra bem esse conceito. Ela passou meses se preparando antes de se apresentar ao rei, melhorando sua aparência física e sua saúde. Ester sabia que a primeira impressão poderia ser crucial para conquistar o favor do rei e, por extensão, salvar seu povo.

[1] THIS is why our brain loves pictures. *The International Forum of Visual Practitioner*s, s.d. Disponível em: https://ifvp.org/content/why-our-brain-loves-pictures. Acesso em: 27 maio 2024.

Como desenvolver sua imagem pessoal

Quero que todos os bloqueios que talvez você ainda tenha sobre esse assunto sejam dissipados, dizendo que imagem pessoal é algo que aprendemos com técnica. Se eu aprendi, você também vai aprender! **Vestir-se bem não é dom, é técnica.** E você pode desenvolvê-la de duas maneiras: autoconhecimento e códigos de imagem.

COMECE PELO AUTOCONHECIMENTO

Tu criaste o íntimo do meu ser e me teceste no ventre da minha mãe. Eu te louvo porque me fizeste de modo as-

> *sombroso e admirável. As tuas obras são maravilhosas! Sei disso muito bem.*
> — SALMOS 139,13-14

Você foi feita por Deus de modo especial e admirável, pois o Senhor a formou no ventre da sua mãe e todas suas obras são maravilhosas, inclusive você. Por isso quero que você inicie o processo tirando todos os argumentos que possam bloqueá-la, como "Isso não é para mim", "Não tenho dinheiro", "Não tenho tempo", "Não tenho esse dom". Deixe-me dizer uma coisa: o autoconhecimento é gratuito e essencial para construir sua imagem. É importante ressaltar que nossa verdadeira identidade está em Cristo, e nosso valor vem d'Ele, e não da nossa aparência física. Contudo, a Bíblia também nos ensina sobre a importância de sermos sábias e conscientes em todas as áreas de nossas vidas, e isso inclui a maneira como nos vestimos e nos portamos.

O autoconhecimento permite que você estabeleça uma base sólida e compreenda a importância de fazer o básico com excelência. Ele oferece a oportunidade de avaliar sua autoimagem e, ao se conhecer melhor, você pode obter uma visão mais precisa de suas características pessoais. Para alcançar isso, é útil adotar estratégias como autoanálise, observando seus comportamentos e reações. Avalie o que precisa ser ajustado e quais estratégias podem ser gradualmente implementadas em sua rotina diária. Todas nós fomos criadas por Deus de modo único e temos também uma beleza única. Nosso tom de pele, nosso cabelo, nosso corpo, nossa personalidade, tudo foi pensado por Deus com um propósito único e específico que vem d'Ele. Entendendo isso, precisamos nos amar e entender que tudo que Deus faz é bom.

Conhecer nosso próprio corpo envolve observar cada detalhe com atenção e carinho, criando uma conexão íntima com as peculiaridades que nos tornam únicas como mulheres. Essas características refletem nossa história pessoal, incluindo momentos significativos como a gravidez. É uma análise que deve ser feita com autocompaixão e respeito, sem a necessidade de idealização, pois sabemos que lidar com o que consideramos imperfeições pode ser desafiador.

Quantas vezes você se observou no espelho para realmente entender e apreciar seu corpo? E para verificar se o seu cabelo está em ordem, se apareceu uma espinha nova, ou se ganhou um pouco de peso? Mudar o foco do que consideramos defeitos para aspectos que gostamos em nosso corpo pode ser difícil algumas vezes, mas também pode transformar profundamente nossa autoestima, nosso amor-próprio e até a forma como acreditamos que os outros nos percebem.

Quero incentivá-la a fazer algumas perguntas olhando para o espelho e apreciando a criação divina que é você, pois elas a ajudarão a enxergar melhor sua real beleza e a ter clareza da sua autoimagem. Em seguida, reflita sobre as seguintes questões:

* Quem eu sou?
* Como eu realmente me vejo?
* Eu realmente vejo beleza em mim?
* De que mais gosto na minha beleza?

Essas perguntas vão levá-la a um nível maior e mais profundo de autoconhecimento.

Valorize seus pontos fortes

O que a torna única? Esse é um bom ponto de partida para que passe a valorizar seus pontos fortes. Observe quais são os aspectos dos quais gosta na sua aparência e os pontos que admira no seu jeito de ser e lhes dê valor!

Uma das coisas de que mais gosto em meu próprio corpo é a minha cintura. Assim, por mais que as minhas roupas sejam mais largas, sempre uso um cinto para marcar a região. Isso acabou sendo uma marca na forma como me visto.

Agora é sua vez. O que você mais gosta no seu corpo? Vista-se de modo a valorizar essas qualidades, sem ser vulgar.

CUIDADOS PESSOAIS

Eles desempenham um papel crucial no desenvolvimento da autoestima. Incorporar atividades como arrumar o cabelo, hidratar a pele, fazer as unhas, depilar-se, aplicar um bom perfume e usar maquiagem leve pode ser um ótimo começo. Manter uma alimentação saudável é igualmente importante, pois traz benefícios significativos e ajuda na prevenção de doenças. Além disso, tenho certeza de que você já ouviu várias vezes que a prática regular de exercícios físicos é uma excelente aliada para a saúde mental.

Nesse quesito, quero atentar aos cuidados básicos que toda mulher deve ter, pois essa é a forma de construir uma boa base para sua imagem.

Comece cuidando do básico:

* Unhas: mantenha sempre feitas.
* Pele: mantenha sempre hidratada. Caso tenha a pele oleosa, cuidado para não parecer falta de asseio.
* Cabelo: mantenha os fios sempre limpos e hidratados. Se tiver alguns fios brancos, considere usar uma coloração ou assumir um visual grisalho, mas bem-cuidado.
* Depilação: mantenha a depilação em dia.
* Odor: seja intencional em estar sempre perfumada. Não deixe o desodorante "vencer". Tome um banho sempre antes de dormir e cuide do seu hálito.
* Maquiagem: uma maquiagem básica sempre ajuda.

Dica de ouro

Entre os três elementos a seguir, você precisa estar com, pelo menos, dois para assegurar um bom visual. Ou cabelo e maquiagem e uma roupa simples, ou uma roupa mais interessante e um cabelo arrumado sem maquiagem. Mas o ideal é estar com os três em dia!

* Cabelo arrumado.
* Uma boa roupa.
* Maquiagem.

CÓDIGOS DE IMAGEM: ELES ELEVAM SEU VALOR VISUAL

Os códigos de imagem são ferramentas poderosas para potencializar e destacar seu valor. Eles abrangem ainda diversos aspectos da sua apresentação pessoal. Dominá-los permite que você tenha autonomia para comunicar exatamente o que deseja.

Assim como na linguagem verbal, na qual o significado de uma palavra é ampliado pelo contexto da frase, na imagem pessoal cada peça ou elemento é enriquecido ao ser combinado com os outros. Minha dica para você, mulher, é pensar em cada código como peça de uma engrenagem, que precisa trabalhar em harmonia para construir uma imagem de alto valor.

Agora, explicarei quais são esses elementos.

Traje

O traje é um elemento-chave e abrange tudo o que você veste. Isso inclui não apenas as peças de roupa, como tecidos, cores, contrastes, texturas, estampas, cortes, caimento, comprimentos e combinações, mas também acessórios, como o cabelo (incluindo corte, cor, textura e penteados), a maquiagem (quando aplicável) e até mesmo as unhas.

Movimento

A linguagem corporal, os gestos e a postura, incluindo o sorriso, são componentes essenciais dos códigos de imagem. Eles comunicam muito sem a necessidade de palavras.

Adequação

A adequação envolve adaptar seu comportamento e sua vestimenta às circunstâncias. Isso inclui compreender o *dress code*, exercer o bom senso e saber o que é apropriado para eventos e ambientes mais específicos. Vestir-se de maneira adequada para cada ocasião não apenas causa uma boa impressão, mas também valoriza sua imagem.

Essência

A essência é sobre sua identidade visual e sua autenticidade. Refere-se ao seu estilo pessoal, aquilo que é sua assinatura e a torna única.

VALOR INTRÍNSECO E A LAPIDAÇÃO DA IMAGEM

Todas nós possuímos nosso valor intrínseco. Algumas mulheres podem estar em processo de lapidação, como um diamante bruto sendo cuidadosamente lapidado para revelar sua verdadeira beleza e brilho. Ao aplicar e dominar os códigos de imagem, você se transforma em uma versão ainda mais valiosa de si mesma, uma verdadeira joia!

Lembre-se: cada código contribui para sua transformação, atuando em conjunto para elevar a percepção de seu valor e torná-la única!

OS SETE ESTILOS UNIVERSAIS

Descobrir minha maneira de ser foi, sem dúvida, a parte mais gratificante do meu processo de autoconhecimento e na qual mais me encontrei. Após definir meu estilo, fiz uma limpeza no meu guarda-roupa, removendo todas as peças que não se alinhavam mais com ele, para evitar qualquer possibilidade de deslize. Essa decisão transformou meu modo de consumir moda: passei a comprar de forma mais consciente, adquirindo muito menos do que antes, além de ganhar praticidade e facilidade na hora de me vestir. Hoje, consigo montar um look para qualquer ocasião de maneira rápida e sem complicações. Encontrei-me verdadeiramente, e espero que você também tenha essa mesma experiência.

Iniciando este tópico, quero fazer uma pergunta que pode ser um pouco intrigante: você sabe qual é seu estilo? Muitas podem se perguntar: "Mas eu tenho um estilo?". A resposta é um forte sim! Cada uma de nós tem um ou mais estilos que nos representam em diferentes momentos da vida. É um equívoco pensar que apenas pessoas que transbordam conhecimento de moda em seus visuais são as únicas estilosas. Ter estilo vai muito além disso.

Alyce Parsons, uma especialista reconhecida na área de consultoria de imagem e estilo, identifica sete estilos universais que nos ajudam a descobrir nossos próprios gostos. Estes estilos são divididos em três categorias principais e quatro adicionais, cada um com características únicas. Os estilos incluem esportivo, tradicional e elegante como as categorias principais, seguidos por romântico, ousado, criativo e moderno. Vou resumir aqui a classificação feita por ela:

Esportivo

Este estilo destaca-se pela simplicidade e conforto, perfeito para quem valoriza a praticidade. As roupas são casuais e descontraídas, frequentemente em cores neutras e vibrantes. Estampas como listras e xadrez são comuns, com um foco em roupas confortáveis e acessórios minimalistas. As adeptas preferem sapatos baixos e roupas folgadas, geralmente feitas de tecidos macios, transmitindo uma imagem jovem e despretensiosa. Peças-chave incluem jeans, camisetas, suéteres, moletons, mochilas, rasteirinhas, jaquetas jeans e tênis.

Características principais: conforto, espontaneidade, casualidade, energia.

Desafio frequente: adaptar-se ao vestuário formal.

Tradicional

Caracterizado por formalidade e discrição, esse estilo é ideal para quem prefere roupas com cortes clássicos e menos detalhes visuais. As cores são mais sóbrias e as estampas, discretas. Ele transmite seriedade e conservadorismo, com peças como terninhos, camisas brancas e saias retas, complementadas por acessórios discretos. Adeptas do estilo tradicional preferem cores como vinho e creme, e estampas tradicionais como risca de giz e xadrez "príncipe de gales". É um visual maduro, amplamente aceito no ambiente profissional.

Características principais: conservadorismo, seriedade, confiabilidade.

Desafio frequente: parecer mais jovem.

Elegante

Sinônimo de sofisticação, este estilo privilegia peças de alta qualidade com detalhes minimalistas. A paleta de cores tende a ser neutra, com uma preferência por estampas sutis e tecidos nobres. Ele reflete sucesso e segurança, com peças de alfaiataria, blazers modernos, jeans premium e blusas de seda. Sapatos e acessórios elegantes são essenciais. Mulheres elegantes buscam harmonia total em suas produções, evitando modismos e mantendo-se sempre apropriadas para qualquer ocasião.

Características principais: sofisticação, confiança, sucesso.

Desafio frequente: criar uma imagem mais acessível.

Romântico

Com roupas femininas e delicadas, esse estilo inclui muitos detalhes como babados, rendas e estampas florais. As cores suaves e tecidos fluidos evocam leveza e sensibilidade. Ele enfatiza a feminilidade e transmite uma imagem gentil e acolhedora. Acessórios discretos e maquiagem sutil complementam o visual, com preferência por cabelos longos e soltos. Peças-chave incluem vestidos leves, saias rodadas e sapatilhas.

Características principais: feminilidade, suavidade e delicadeza.
Desafio frequente: transmitir maturidade e credibilidade.

Ousado

Esse estilo exala confiança e um toque de provocação, com roupas que valorizam o corpo, como decotes e fendas. Cores fortes como vermelho e preto, e estampas animais são comuns. Ele transmite poder e autoconfiança, com acessórios metalizados e volumosos. Mulheres ousadas gostam de chamar a atenção com sapatos de salto alto e roupas ajustadas.

Características principais: coragem, glamour e provocação.
Desafio frequente: roupas para o trabalho e ocasiões formais.

Moderno

Combinando sofisticação e ousadia, o estilo moderno usa cores sólidas, contrastes marcantes e design inovador. Reflete uma personalidade forte e antenada nas tendências, com peças de design arrojado e acessórios impactantes. Mulheres modernas preferem estampas geométricas e contemporâneas, e peças versáteis para o dia e a noite.

Características principais: contemporaneidade, confiança, inovação.
Desafio frequente: roupas para ocasiões formais.

Criativo

Para a mulher criativa, a moda é uma forma de arte, permitindo a mistura de estilos, cores e texturas de maneira única. Este estilo é marcado pela originalidade e capacidade de transformar visuais em expressões pessoais. Acessórios rústicos ou étnicos e tecidos de tapeçaria são comuns. Estampas orientais, africanas e xadrez também são usadas. A mulher criativa gosta de experimentar e fugir dos padrões, transmitindo uma imagem de originalidade e independência.

Características principais: inovação e originalidade.
Desafio frequente: adaptar-se a ambientes conservadores.

Cada estilo é uma manifestação única da individualidade. Identificar e abraçar seu estilo pessoal é um passo importante para uma expressão autêntica, e consistência é fundamental para consolidar sua imagem. Mantenha elementos constantes em diferentes ocasiões para garantir que sua identidade seja clara e reconhecida. Variar drasticamente de um dia para o outro pode confundir a percepção das pessoas sobre você. Seja intencional em suas decisões para criar uma marca pessoal forte e coerente.

Exercício

Este exercício é uma oportunidade para refletir sobre sua imagem pessoal e como ela se alinha com seus objetivos e seus valores. Ao responder a estas perguntas, você iniciará um processo de autoconhecimento e ajuste que pode transformar não apenas sua aparência, mas também como você se sente e é percebida pelos outros.

Avaliação atual da imagem
* Atualmente, o que minha imagem transmite?
* O que não desejo mais transmitir ou o que gostaria de comunicar melhor?

Inspirações
* Quem são minhas inspirações em termos de estilo e imagem?
* O que exatamente me inspira nelas (atitude, combinações de peças, cores etc.)?

Elementos aliados
* Quais cores, tecidos, peças de roupa, combinações e marcas são meus aliados na mensagem que desejo transmitir?
* Quais elementos contradizem ou enfraquecem a mensagem que quero passar?

Inventário pessoal
* O que já possuo que está alinhado com a imagem que desejo projetar?
* Existem itens que não se alinham mais com essa visão?

Criatividade e otimização
* Como posso ser criativa para otimizar o que já tenho?
* Que ajustes ou combinações posso experimentar para rejuvenescer peças antigas ou subutilizadas?
* Como posso evitar compras desnecessárias, focando na qualidade e versatilidade das peças que realmente complementam minha imagem desejada?

Vestindo-se com propósito

Como nos ensina a Bíblia em Provérbios 31,25, vestir-se com dignidade e força é um reflexo da nossa fé e do nosso caráter. Isso não quer dizer que precisamos de roupas caras ou extravagantes; é sobre escolher roupas que sejam apropriadas para cada situação e que nos façam sentir seguras e confiantes. Lembre-se de que a verdadeira nobreza e coragem, dignidade e força nascem no coração e se manifestam na maneira como nos apresentamos ao mundo.

Eu a encorajo a olhar para seu guarda-roupa com cuidado e consideração. Organize suas roupas pensando em diferentes ocasiões, desde o dia a dia até eventos especiais. Busque peças versáteis que possam ser combinadas de várias maneiras, permitindo que você expresse respeito por si mesma e pelos outros. Ao fazer isso, você não estará apenas cuidando da sua aparência externa, mas também honrará a si mesma e ao Deus que nos criou, refletindo Sua beleza e graça em cada escolha que faz.

Então, ao selecionar suas roupas, pense em como cada peça pode representar sua personalidade única e seus valores. Cada dia é uma oportunidade para mostrar ao mundo tudo o que Deus colocou em você.

A beleza vem de dentro

Não há segredos na alma humana que seu comportamento não reflita.

Nossa aparência externa é um reflexo do que carregamos internamente. A paz, a alegria e o amor que sentimos em nosso relacionamento com Deus transbordam e se refletem em nossos rostos e em nossa postura. Uma mulher que ora, que se conecta com Deus e que busca viver de acordo com Seus princípios possui uma beleza que vai além do superficial. Pode ter certeza de que você externa o que é prioridade para você.

Exemplo para refletir:

Pense na história de Ana (1 Samuel 1). Sua dor e tristeza eram evidentes para todos os que a viam, mas, quando ela encontrou paz em Deus, sua aparência mudou. Ela encontrou firmeza e integridade, e isso era perceptível para todos ao seu redor.

Guarda-roupa inteligente

A seguir, deixarei algumas sugestões de como organizar um guarda-roupa prático.

PEÇAS PARA O DIA A DIA

* **Blusas básicas:** camisas em cores neutras, como branco, preto e tons pastel. São versáteis e fáceis de combinar. Eu, por exemplo, amo camisas de seda.
* **Calças e saias:** calças no estilo alfaiataria ou saias *midi* em cores neutras. Calças jeans. Elas oferecem conforto e elegância para o dia a dia.
* **Cardigãs e blazers:** peças-chave para visuais mais formais ou para dias mais frescos. Vestidos e macacões casuais, em cores sólidas, ideais para um visual rápido e charmoso.
* **Coletes:** ótimos para usar como terceira peça.
* **Sapatos confortáveis:** sapatilhas, tênis, sapatos de salto médio e botas para diferentes ocasiões.

PEÇAS PARA OCASIÕES ESPECIAIS

* **Vestido elegante:** para ocasiões como um lançamento, Natal ou Ano-Novo, escolha um vestido elegante que reflita sua personalidade. Pode ser um vestido longo ou *midi*, com detalhes que realcem sua beleza.

* **Blazer ou chique elegante:** peça-chave para adicionar sofisticação ao seu visual em ocasiões especiais.
* **Calçado sofisticado:** sapatos e sandálias de salto alto refinados que combinem com seu vestido ou conjunto.
* **Acessórios:** colares, brincos, pulseiras e relógios podem ajudar a compor o visual.

PEÇAS EXTRAS

* **Cintos:** ajudam a compor o visual, mas devem combinar perfeitamente com a roupa e com seu tipo de corpo, pois "cortam" a silhueta ao meio.
* **Lenços:** ótimos para adicionar cor e textura aos seus visuais. Servem também como uma terceira peça que traz sofisticação.
* **Bolsas variadas:** desde uma bolsa *tote* para o dia a dia até uma *clutch* elegante para eventos noturnos.
* **Chapéus e bonés.**
* **Roupas de banho:** biquínis, maiôs e saídas de banho são essenciais em um guarda-roupa. Cores mais neutras ou combinações monocromáticas transmitem mais sofisticação mesmo na praia ou na piscina.

Antes de concluir este capítulo sobre a jornada de descoberta e afirmação do seu estilo pessoal, permita-me deixar dois lembretes valiosos.

Antes de sair de casa, reserve um instante para se observar no espelho. Faça a si mesma a pergunta: "O que minha aparência está comunicando hoje? Estou refletindo a dignidade e a elegância que represento como filha do Rei?". Esse é um ato de autoconhecimento e de autoafirmação que pode influenciar positivamente seu dia e a maneira como você se apresenta ao mundo.

Coloque alguns espelhos pela sua residência. Eles não servem apenas para que você se veja, mas também para que todos os membros da sua família possam se observar e refletir sobre a própria imagem. Isso cria um ambiente de autoconsciência e valorização pessoal, incentivando cada um a se apresentar da melhor forma possível, não apenas externamente, mas de modo a refletir os valores internos que cada um carrega.

Esses dois lembretes são simples, porém poderosos, na construção e na manutenção de uma imagem pessoal que verdadeiramente expressa quem você é e o valor que você representa para Deus.

Mulher, que a cada vez que você se olhar no espelho seja um momento de reconhecimento da sua própria beleza, força e dignidade!

CUIDADO COM A VAIDADE EXCESSIVA

Embora cuidar de nossa aparência seja muito importante, devemos sempre manter um equilíbrio saudável entre a vaidade e a humildade, mantendo nossos corações voltados para Deus.

A Bíblia nos alerta sobre os perigos da vaidade e da obsessão pela beleza física, que podem facilmente se tornar ídolos em nossas vidas. Devemos lembrar que nossa identidade e nosso valor não estão enraizados em nossa aparência externa e, sim, em nossa posição como filhas amadas do Rei dos Reis, encontrando nosso valor e identidade em Cristo.

Quando cuidamos da nossa aparência, devemos fazê-lo de uma maneira que honre a Deus e reflita a Sua beleza em nós. Por isso, mantenha em mente que nossa verdadeira beleza resplandece de dentro para fora. É a luz de Cristo em nossos corações que nos torna verdadeiramente belas. Portanto, que sua busca pela beleza exterior esteja sempre equilibrada com a busca de um coração cheio da presença de Deus, para que você, querida mulher, possa irradiar Sua formosura e graça para o mundo ao seu redor.

A verdadeira beleza de uma mulher está em seu coração moldado na presença de Deus.

Capítulo 14
A ARTE DA ETIQUETA

ALGUNS CAPÍTULOS DESTE LIVRO, como hospitalidade, mesa posta e tipos de serviço, vão trazer para você alguns ensinamentos de protocolo de como receber e como montar uma mesa.

Meu foco neste capítulo é falar sobre comportamento e gentileza, tanto no âmbito social quanto à mesa. Afinal de contas, a etiqueta quer dizer o modo apropriado de se comportar nas situações, ou seja, boa educação.

Às vezes, por causa da rotina e da agitação, podemos nos esquecer da gentileza e da etiqueta. Mas pequenas práticas de cortesia podem fazer uma grande diferença tanto no seu lar quanto no mundo lá fora.

Quero ajudar você a redescobrir esses gestos de carinho e respeito. Pode ser algo tão simples como um sorriso, ouvir alguém com atenção ou, ainda, preparar uma refeição caprichada e com amor para sua família. Fora de casa, isso pode significar ser gentil ao oferecer ajuda em situações cotidianas. Esses pequenos atos de delicadeza e boas maneiras fazem do nosso mundo um lugar mais amável e agradável. Quando você pratica a etiqueta, mostra amor e respeito pelos outros, criando, assim, um ambiente mais harmonioso e verdadeiramente cristão. Então, mulher, abrace a arte da etiqueta para espalhar gentileza por onde passa, nunca com arrogância nem desprezo por aqueles que ainda precisam aprender.

Gentileza: uma joia preciosa

A gentileza é como uma pérola rara, capaz de enriquecer qualquer situação.

A verdadeira gentileza é pensar primeiro no outro antes de pensar em si mesma. Se duas pessoas querem passar por uma porta estreita, vai ser preciso que uma dê lugar à outra. Isso é cortesia. Se estender a mão com um sorriso, a outra pessoa também estenderá a sua e retribuirá o sorriso. As pessoas se imitam. Se você tratar alguém mal, será maltratada de volta. Porém, se tratar com delicadeza, receberá a devida retribuição.

> *Dai, e dar-se-vos-á. Boa medida, sacudida e transbordante, generosamente vos darão. Pois com a mesma medida com que medirdes vos medirão também.*
> — LUCAS 6,38

RAZÕES PARA APRENDER BOAS MANEIRAS

Muitas mulheres não gostam de falar sobre "etiqueta" por acharem desnecessário qualquer conhecimento do assunto. Acham que é futilidade, coisa de quem não tem o que fazer. Mostrarei a você algumas razões para aprendermos etiqueta.

Primeiro, é essencial cultivarmos boas maneiras porque ninguém aprecia estar ao redor de pessoas que são mal-educadas e desrespeitosas. Todos gostam de ser tratados com consideração e de receber elogios. Para a mulher cristã, esse comportamento tem ainda mais significado, pois ela deve refletir, em suas ações diárias, a presença de Jesus Cristo em sua vida. Todo cristão tem o desejo de mostrar Cristo através de suas interações com os outros. Por isso, se você é cristã, é fundamental que se esforce para ser bem-educada.

Em segundo lugar, é importante lembrar que ninguém nasce sabendo. Tudo o que sabemos hoje é resultado de aprendizado. Então, por que não aprender a ser uma pessoa educada e cortês?

Por fim, Deus valoriza as boas maneiras, e a Bíblia oferece muitas orientações sobre como devemos nos comportar. Isso mostra que a educação e o respeito são preocupações divinas, reforçando a importância de aprendermos e praticarmos boas maneiras em nosso dia a dia.

> *O faraó mandou chamar José, que foi trazido depressa do calabouço. Depois de se barbear e trocar de roupa, apresentou-se ao faraó.*
> – GÊNESIS 41,14

A quarta razão é que, quando aprendemos o básico sobre etiqueta, sabemos nos comportar nas mais variadas situações, de modo que paramos de nos preocupar com nosso comportamento e focamos o próximo. Conseguimos prestar atenção nos detalhes e nos conectamos com as pessoas à nossa volta.

A IMPORTÂNCIA DA ETIQUETA EM DIFERENTES CONTEXTOS

A etiqueta varia conforme o contexto, e conhecê-la pode transformar sua experiência e a daqueles ao seu redor. Mas aqui quero abordar a etiqueta em três aspectos: nas suas relações, nas suas conversas e à mesa.

Etiqueta nas relações

Manter uma boa relação com os amigos, familiares e colegas de trabalho nem sempre é tarefa fácil. Alguns gestos simples são sempre bem-vindos! Para ajudar, separei hábitos gentis que demonstram afeto e que você deve praticar todos os dias com quem ama e respeita.

* Use "por favor" e "obrigado": palavras simples que fazem grande diferença nas interações diárias.
* Sorria frequentemente: um sorriso para quem você encontrar torna o dia mais leve.

* Atenda ligações em locais privados: evite obrigar os outros a ouvir suas conversas telefônicas.
* Seja tolerante: tente não se abalar com o mau humor alheio, pois todos têm seus motivos pessoais.
* Mantenha contato visual: olhe nos olhos de quem conversa com você para uma comunicação eficaz.
* Aprenda os nomes das pessoas: isso faz com que elas se sintam valorizadas e facilita a socialização.
* Envie mensagens de agradecimento: demonstra carinho e atenção às pessoas queridas.
* Guarde o celular durante as refeições: aproveite o momento para interagir com família e amigos.
* Seja pontual: respeite o tempo dos outros chegando no horário combinado.
* Confirme presença em eventos: isso ajuda os anfitriões a organizar melhor a celebração.
* Peça permissão antes de postar fotos: nem todos gostam de aparecer nas redes sociais.
* Cumprimente as pessoas: um aperto de mão e contato visual fazem diferença.
* Pergunte como a pessoa prefere ser chamada: para evitar constrangimentos, basta pedir orientação.
* Espere para responder mensagens negativas: dê um tempo para esfriar a cabeça e pensar antes de reagir.
* Recoloque a cadeira no lugar: após usá-la, deixe-a como encontrou.
* Peça permissão antes de levar um convidado extra: não presuma que todos estão automaticamente convidados.
* Bata na porta antes de entrar: certifique-se de que é um bom momento para o outro.
* Espere as pessoas saírem do elevador antes de entrar: respeite a ordem natural das coisas.
* Ensine boas maneiras aos seus filhos: seja um exemplo positivo para eles.
* Ajude pessoas com dificuldades: ofereça ajuda a quem não consegue alcançar algo, por exemplo.

* Ofereça comida aos outros: é um gesto de generosidade que sempre agrada.
* Cuide da aparência em casa: não faça atividades pessoais como pentear os cabelos ou usar fio dental em público.
* Evite tópicos polêmicos em festas: concentre-se em manter a atmosfera descontraída.
* Saiba pedir desculpas: reconheça seus erros e peça desculpas quando necessário.
* Seja confiável: seu sim deve ser sim e seu não deve ser não. Isso é sinônimo de confiança.
* Receba bem as pessoas.
* Respeite a hierarquia: honre as pessoas! Existe uma quantidade enorme de crianças e adolescentes que não respeitam os professores e de adultos que tratam o outro com desrespeito.
* Deixe sempre um bilhete carinhoso para um membro da família, expressando sua gratidão ou seu afeto.
* Quando alguém de sua família falar sobre seu dia, escute com atenção, sem interromper ou desviar o assunto para você.
* Faça um elogio sincero ao seu parceiro ou a seus filhos, ressaltando suas qualidades.
* Mantenha seu celular em modo silencioso em locais públicos, como bibliotecas, cinemas, teatros e hospitais.
* Segure a porta para a pessoa que vem logo atrás de você, especialmente se ela estiver com as mãos ocupadas.
* Quando estiver em uma fila, mantenha uma distância respeitosa da pessoa à sua frente e evite reclamações em voz alta.
* Seja grata e agradeça quando alguém a ajudar ou fizer algo positivo. Um simples "obrigada" pode fortalecer os laços profissionais.
* Reconheça o trabalho dos outros. Quando alguém de sua equipe se destacar ou realizar uma grande contribuição para um projeto, faça questão de reconhecer e elogiar esse esforço. Você pode enviar um bilhete, um pequeno presente ou, ainda, fazer um comentário na frente de outras pessoas.

Etiqueta durante uma conversa

> *Saber dar uma resposta é uma alegria; como é boa a palavra certa na hora certa!*
> — PROVÉRBIOS 15,23

Ei, mulher, você sabia que, por ser base do relacionamento humano, a conversação também precisa obedecer a normas de etiqueta? Falar, calar e tornar a falar no instante preciso. Dizer a palavra certa na hora certa e calar no momento oportuno é um conselho sábio que você, querida mulher, não deve se esquecer.

> *A língua dos sábios adorna o conhecimento, mas a boca dos insensatos derrama a estultícia. A língua serena é a árvore da vida, mas a perversa quebra o espírito.*
> — PROVÉRBIOS 15,2-4

Adotar uma postura elegante e respeitosa no diálogo é essencial para relações saudáveis e harmoniosas. Evite comportamentos que possam ser percebidos como deselegantes ou desrespeitosos e mantenha sempre a cortesia e a consideração pelos outros.

Evite estes comportamentos em conversas:
* Volume e proximidade: evite falar muito alto, muito baixo, ou rápido demais. Também não fale muito próximo das pessoas.
* Uso incorreto da língua: não use o idioma de forma incorreta, gírias ou chavões.
* Esquecimento de expressões de cortesia: sempre lembre-se de usar "muito obrigada", "por favor", "com licença" e "desculpe".
* Comentários negativos: evite críticas, fofocas, indiscrições e desabafos com estranhos.
* Formas inadequadas de chamar atenção: não chame as pessoas com "psiu" ou faça gestos exagerados.
* Comportamentos nervosos: evite torcer as mãos ou colocá-las na cabeça, mexer nos cabelos e brincar com joias ou relógios.
* Contato físico inapropriado: não arrume a roupa dos outros ou bata no ombro para chamar atenção.
* Higiene pessoal: use um lenço ao tossir ou espirrar, e evite segurar o queixo ou rosto.
* Expressões de tédio: não boceje ou se espreguice de maneira que demonstre tédio.
* Mostrar conhecimento excessivo: evite exibir seus conhecimentos de forma ostensiva.
* Interrupções: não interrompa constantemente para contradizer ou se irritar com opiniões divergentes.
* Conselhos não solicitados: não dê conselhos que não foram pedidos ou monopolize a conversa com um único tema.
* Gargalhadas altas: prefira sorrir a dar gargalhadas altas.
* Fofocas: mantenha-se longe de conversas que difamem a imagem de outras pessoas.

Etiqueta à mesa

É importante aprender a colocar em prática as regras de etiqueta, pois isso a levará a se comportar naturalmente. Em ocasiões em que as pessoas não usam as regras de boas maneiras, a situação deve ser conduzida da forma mais natural possível, para evitar constrangimentos. Segui-las sem perder o senso de equilíbrio é conquistar liberdade e segurança.

Separei estas dicas fáceis para incluir no seu dia a dia:

* Por uma questão de higiene e educação, lave sempre as mãos antes de sentar-se à mesa.
* Atente à sua postura e não repouse os cotovelos sobre a mesa. Essa atitude passa um ar de desleixo e tira o espaço daqueles que estão ao seu lado. O correto é mantê-los junto ao corpo, apoiando apenas os antebraços ou os punhos.
* Quando houver guardanapo de tecido, procure utilizá-lo adequadamente. Retire-o do porta-guardanapos e deixe-o do lado esquerdo sobre a mesa. Abra o guardanapo e coloque-o no colo. Se ele for grande, você pode dobrá-lo ao meio. Use-o constantemente para manter os lábios secos e limpos.
* Use adequadamente os talheres. Aqui, você pode escolher quais regras de etiqueta seguir, as americanas ou as europeias. Na etiqueta americana, o garfo é usado na mão direita, enquanto a faca descansa na parte superior do prato, com a serra voltada para dentro. Quando precisar usar faca, o garfo vai para a mão esquerda, e a faca, para a mão direita. A faca não deve ser usada para ajudar a colocar a comida no garfo. E, na hora de descansar os talheres no prato, a faca fica na parte superior, e o garfo pode ficar tanto à direita, se você for destro, quanto à esquerda, se você for canhoto. Já na etiqueta euro-

peia, o garfo fica durante todo o tempo na mão esquerda, e a faca, na mão direita. O garfo é normalmente usado com os dentes para baixo. E a faca pode ser usada para colocar a comida no garfo, porém apenas na parte traseira dele. Para descansar os talheres no prato, o garfo fica do lado esquerdo, e a faca, do lado direito. Nos dois tipos de etiqueta, deve-se manusear os talheres com os dedos e cortar o alimento à medida que for comendo. Uma vez que você começou a comer, os talheres jamais deverão tocar a mesa.

* Exceto se o anfitrião pedir a você que se sirva, deixe que ele se sirva primeiro.
* Quando a comida chegar, sirva-se aos poucos, e jamais deixe o prato transbordando. Se você continuar com fome, repita. E pense nos outros que estão à mesa. Calcule mentalmente quantas porções há para cada pessoa e jamais se sirva a mais e deixe outra pessoa sem comer.
* Uma regra básica: mastigue o alimento tranquilamente e sempre de boca fechada.
* Dê garfadas pequenas. Assim, você não precisará dar uma pausa muito grande até engolir o alimento para poder conversar.
* É comum que, depois de algum tempo sentado, você fique cansada e comece a se curvar. Procure manter a postura e endireite-se discretamente.
* Não se deve gesticular com os talheres enquanto mastiga ou conversa. Além disso, evite gestos bruscos.
* Leve o alimento até a boca, e não a boca até o alimento.
* Não pegue carnes com ossos, como costela, frango e cordeiro, com as mãos; use sempre garfo e faca.
* Tire, discretamente, o caroço de azeitona da boca com a ponta do garfo e coloque-o na beira do prato, nunca sobre a mesa.
* Não corte a massa. Essa dica vale tanto para quem for cozinhar quanto para quem for comer. Massas como o talharim e o espaguete são servidas inteiras e comidas com garfo. Comece a enrolar pelas bordas do prato, e não pelo centro, senão a garfada ficará grande demais. Ao levar à boca, se alguns fios ficarem pendurados, simplesmente os corte com os dentes.

* Dobre as folhas para comer. Faça trouxinhas e coloque-as na boca delicadamente.
* Evite fazer ruídos ao tomar sopas, caldos e outros líquidos, como suco, água, café, entre outros.
* Não erga o prato para tomar até a última gota da sopa ou do caldo.
* Se tiver pão para acompanhar, parta-o e coma com a mão. Algumas entradas e acompanhamentos dispensam talheres. No caso da sopa ou do caldo, se houver pão para acompanhar o prato, deve-se partir e comer com a mão.
* Se precisar pegar algo na mesa que esteja fora do seu alcance, peça auxílio à pessoa mais próxima, nunca passe o braço na frente.
* Se ficar com um pedaço de folha grudado no dente, por exemplo, peça licença ao anfitrião e levante-se discretamente para ir ao banheiro.
* Finalizada a refeição, espere para se levantar somente depois que todos terminarem.
* Ao levantar-se, coloque o guardanapo ao lado esquerdo do prato; não é preciso dobrá-lo.
* Se estiver em um restaurante, não grite para chamar o garçom; apenas levante a mão levemente e gesticule.

Praticar a gentileza e a etiqueta é fundamental para criar relações fortes e duradouras! Ao mostrar apreço e consideração pelos outros todos os dias, você ajuda a construir um ambiente mais positivo, agradando também a Deus. Nesse tipo de ambiente, todos se sentem importantes e respeitados, e isso faz uma grande diferença para a equipe e a quem você serve.

A ARTE DE
BEM RECEBER

Capítulo 15
HOSPITALIDADE: A ARTE DO ACOLHIMENTO

A **HOSPITALIDADE ULTRAPASSA O ATO DE** abrir as portas de sua casa; é uma expressão sincera do desejo de criar conexões e compartilhar momentos. É a linguagem universal da gentileza, um gesto de amor e cuidado que transforma encontros em memórias preciosas.

Neste capítulo, querida mulher, vamos desvendar os segredos da verdadeira hospitalidade. Vou explicar a você como o calor do acolhimento pode ser expresso nos detalhes mais simples – um sorriso genuíno, um elogio puro, a atenção plena às necessidades dos seus convidados.

Espero que você perceba como a hospitalidade pode ser praticada em qualquer ocasião, elevando o simples ato de receber em casa a uma forma de arte. Vamos falar sobre como criar um ambiente acolhedor que faça seus convidados se sentirem especiais e bem-vindos, transformando seu lar em um refúgio de alegria e conforto.

O propósito da hospitalidade é criar laços e enriquecer as histórias que compartilhamos com aqueles que cruzam a porta de nossas casas. É uma troca delicada de dar e receber, em que cada encontro pode ser transformado em amizades duradouras e memórias afetivas.

Receber alguém vai muito além de mesas postas servidas perfeitamente; é um ato de amor e dedicação. É a arte sutil da anfitriã em fazer de cada reunião e de cada celebração um capítulo inesquecível na vida de cada pessoa presente.

Imagine criar um espaço onde cada convidado pense: "Aqui, eu me sinto em casa". Cada sorriso, cada gesto de carinho, cada detalhe pensado – tudo para que se sintam não apenas acolhidos, mas parte de algo maior, de um momento exclusivamente preparado e pensado em sua alegria e conforto.

Em grandes festas ou pequenos encontros, o desafio encantador é preparar uma atmosfera onde todos se sintam pessoalmente valorizados e sinceramente queridos.

Que os momentos vividos entre as paredes de nosso lar não sejam apenas um evento a mais na agenda, mas uma experiência que fale da nossa essência, que mostre o quanto cada presença ali é, para nós, um verdadeiro presente.

DICAS PARA RECEBER COM EXCELÊNCIA

Antes de detalhar cada passo, considere primeiro estas orientações essenciais:

* Receba com alegria genuína.
* O objetivo é que todos – você incluída – desfrutem plenamente o evento.
* Conheça seus convidados previamente; as pessoas gostam de conversar sobre aquilo que lhes interessa.
* Engaje seus convidados ativamente no evento.
* Esteja preparado para se adaptar com gentileza a situações inesperadas.

Planejamento do evento

Defina claramente o propósito do evento para organizar a decoração (aniversário, reunião familiar, comemoração de algo, reunião de mulheres), o perfil dos convidados, a definição do cardápio, a lista de convidados para, então, resolver o local mais apropriado, bem como a data e o horário. Não se esqueça de considerar os serviços necessários para um atendimento impecável.

CONVITES EFICAZES

Cerca de 30% do sucesso do seu evento começa com o convite. A etiqueta moderna para convites é flexível e pode ser adaptada ao estilo do evento:

* Informe claramente a data, o horário e o tipo de evento no convite. Mencione alguns dos convidados que já confirmaram presença para incentivar outros.
* Convites podem ser feitos por meio eletrônico para eventos informais, mas uma ligação telefônica é sempre um toque pessoal apreciado.
* Indique o cardápio preparado, considerando possíveis restrições alimentares dos convidados.
* Para encontros menores, convide pessoas com interesses em comum. Em eventos maiores, um grupo diversificado pode ser enriquecedor.
* Evite convites de última hora, a menos que a intimidade entre vocês justifique, para não parecer desconsideração.

A hospitalidade é uma linda expressão de amor e consideração pelo próximo. Quando abrimos nossas casas e corações para os outros, estamos fazendo muito mais do que simplesmente oferecer um espaço ou uma refeição; estamos compartilhando nossa vida, nosso carinho e nossa atenção.

O verdadeiro sucesso de qualquer recepção ou encontro não se mede pelos detalhes externos, como a decoração ou o menu, mas, sim, pela satisfação e pelo bem-estar dos convidados.

Ao praticar a hospitalidade, mostramos aos nossos convidados o quanto eles são valorizados e importantes para nós. Criamos um ambiente onde se sentem acolhidos, seguros e cuidados. Isso reflete não apenas uma boa etiqueta, mas um coração que segue os ensinamentos de amor e generosidade que Jesus ensinou.

Portanto, querida mulher, sempre que você tiver a oportunidade de exercer a hospitalidade, faça-o com um coração alegre e aberto. Lembre-se de que, ao servir e cuidar dos outros, você está demonstrando um dos mais belos aspectos do amor cristão. Cada ato de hospitalidade, não importa quão simples ele seja, é uma oportunidade de abençoar a vida de alguém e de mostrar um pouco do amor e da graça de Deus que reside dentro de você.

QUANDO CONVIDAR
O momento de enviar os convites varia de acordo com o tipo de evento:
* **Reuniões informais:** comunique os convidados 10 dias antes (jantar, aniversário, entre outros).
* **Jantares íntimos:** envie convites com uma semana de antecedência.
* **Recepções maiores:** recomenda-se avisar entre um mês antes do evento e dois meses no mínimo para convidados que vêm de outras cidades (como casamentos e festas de 15 anos).
* Surgiu um jantar de última hora? Por ser de última hora, então se aplica a regra de convidar o quanto antes.

PREPARATIVOS
Após definir o cardápio, a decoração e enviar os convites, organize-se para a organização do evento.

CONSIDERE O ESPAÇO
Avalie o ambiente e como ele será utilizado durante o evento.

PLANEJE AS ATIVIDADES
* Atribua tarefas a outros membros da família para que todos se envolvam e contribuam.
* Planeje e estruture as atividades que vão ocorrer para entreter seus convidados.
* A diversão e o prazer de ser anfitriã aumentam quando tudo está devidamente organizado.

SUGESTÃO DE CRONOGRAMA
Antecipação é a chave para uma recepção sem contratempos.

Dois dias antes
* Decida a paleta de cores da decoração, caso você já tenha tudo em casa. Senão, faça isso de forma mais antecipada.

* Revise o acervo disponível para a ocasião.
* Realize as compras necessárias para o preparo das refeições.

Um dia antes

* Arrume a mesa.
* Faça os arranjos de flores e já as posicione no lugar; caso sejam encomendadas, faça a encomenda uma semana antes e agende a entrega na véspera do evento.
* Prepare e posicione o acervo no local do evento.
* Execute a limpeza e a organização do espaço.
* Adiante o preparo de pratos que podem ser feitos com antecedência.
* Organize as bebidas e a estação de café.
* Prepare galheteiros e guardanapos.
* Organize o lavabo.
* Separe as roupas para você e para sua família.

No dia do evento

* Complete o preparo das comidas.
* Finalize a montagem das mesas de alimentos.
* Refrigere as bebidas com antecedência adequada; coloque gelo nos baldes de bebidas.
* Confira se tudo está pronto.
* Vista-se e auxilie sua família a se arrumar.

Nota: Certifique-se de que tudo esteja pronto com, pelo menos, uma hora antes do evento: para estabilizar a atmosfera e para revisar os detalhes finais, dando margem para solucionar possíveis imprevistos.

Preparação do ambiente antes da chegada dos convidados

- A ambientação (preparar atmosfera) é essencial para acolher bem os convidados.
- Coloque uma música suave de fundo para criar um clima agradável.
- Ajuste a iluminação para proporcionar um ambiente acolhedor.
- Disperse um aroma sutil pelo ar; acenda velas aromáticas para adicionar um toque especial.
- Faça uma última verificação nos banheiros e nos lavabos, garantindo que estejam impecáveis.
- Certifique-se de que o hall de entrada esteja livre de qualquer desordem.
- Mantenha a luz da entrada ligada para sinalizar boas-vindas.
- Prepare antecipadamente as bebidas e os aperitivos para oferecer assim que os convidados chegarem.

Hospitalidade começa na porta de entrada

Receber visitas em casa é como abrir um pedacinho do nosso mundo para outras pessoas. E tudo começa na porta de entrada. Sabe quando a campainha toca? É o momento de abrir a porta com um sorriso daqueles que fazem os olhos brilharem. Isso mostra para quem está chegando que a gente está feliz por ver a pessoa.

Dê um "oi" caloroso, um daqueles abraços que fazem a gente se sentir em casa ou um aperto de mão bem amigo, para mostrar que você está mesmo contente com a visita. E se alguém trouxer um presente, que coisa boa, não é? Abra ali mesmo, na frente de quem trouxe. Isso mostra que você deu valor ao gesto da pessoa.

Mais do que nossa casa, o que as visitas vão guardar na memória é como elas se sentiram especiais e bem-vindas. E é assim que a hospitalidade começa, logo ali, no primeiro "bem-vindo!" da porta de entrada.

Apresentações

Em eventos maiores, pode não ser viável apresentar todos os convidados imediatamente, mas, em reuniões menores, faça questão de apresentar cada um, mencionando nomes completos e um pouco sobre suas atividades para facilitar a conexão entre eles.

Momento de servir

Como anfitriã, é você quem deve direcionar o evento. Convide as pessoas a se servirem e, se considerar apropriado, sirva-se também para indicar o início da refeição.

Situações inesperadas

* Acidentes acontecem: se algo for derramado ou ficar sujo, procure não demonstrar aborrecimento. Limpe apenas o necessário para que a celebração possa prosseguir.
* Se uma visita trouxer um convidado a mais sem aviso prévio, acolha-o com cordialidade e providencie um espaço adicional.
* Se algo acabar, mantenha a calma e, se possível, peça um serviço de entrega e continue a recepção.

Nota importante: nunca deixe transparecer aos convidados que você está sob estresse ou que a situação está fora de controle. Seu papel é gerenciar discretamente quaisquer contratempos.

Atitude da anfitriã

* Mostre-se sempre alegre e relaxada.
* Evite preocupações ou distrações visíveis.
* Mantenha uma postura otimista e proativa.
* Esqueça quaisquer inseguranças sobre sua casa ou a preparação do evento; evite desculpas desnecessárias.
* Assegure que haja harmonia entre os membros da família presentes.
* Evite qualquer tensão ou palavras ásperas, especialmente com o cônjuge ou os filhos.
* Em caso de pequenos acidentes, como algo sendo derramado ou quebrado, mantenha-se serena.

Lembre-se: a anfitriã define a atmosfera da festa. Seu comportamento e sua atitude são fundamentais para garantir que todos tenham uma experiência agradável e memorável.

Momentos finais: café e despedidas

A última colherada de sobremesa é saboreada, e é ele quem chega para encerrar o evento. E o melhor de tudo é que dá para fazer isso de um jeitinho todo especial.

Que tal oferecer o café no mesmo lugar onde aconteceu o jantar? Assim, a conversa flui sem pressa. Mas, se você quiser mudar um pouco o clima, pode levar todo mundo para um cantinho diferente da casa. Uma varanda, a sala de estar ou até um jardim — se tiver um espaço assim, que delícia!

Não se esqueça de colocar umas garrafinhas de água com gás por perto. Além de ser chique e gentil, ajuda seus convidados a se refrescarem. Assim, enquanto o café vai passando de mão em mão, as risadas e os papos vão dando o tom dessa despedida que não precisa ser apressada. É o momento de relaxar, daquela conversa boa e de fazer a noite render até os últimos minutos.

Despedidas acolhedoras

Ao se despedir, acompanhe o convidado até a porta e certifique-se de que ele não tenha esquecido nenhum pertence.

Um gesto afetuoso para os mais íntimos é providenciar um mimo de despedida, como uma porção do bolo ou docinhos para levar para casa.

Caminhe com os convidados até o carro, se possível, e aguarde até que partam antes de retornar ao seu lar. Um sorriso caloroso e um aceno amigável selam o até logo.

No dia seguinte à festa

Sabe aquela sensação gostosa que fica depois que a festa acaba? É como um abraço que continua mesmo quando todo mundo já foi embora. E esse carinho pode se estender, viu?

Se algum dos seus convidados enviar uma mensagem gentil, agradecendo o tempo juntos, aproveite para dizer o quanto você também adorou ter a casa cheia de risadas e alegria. É um jeito simples de mostrar que a presença deles fez toda a diferença.

Agora, quando a festa não é na sua casa, não se esqueça de mandar aquela mensagem carinhosa de agradecimento. Fale do que você mais gostou, seja a comida deliciosa ou as conversas que aqueceram o coração. É uma gentileza que fala alto!

Esses pequenos gestos são como a cereja do bolo: fazem toda a diferença e deixam um gostinho de "quero mais". Eles são a prova de que receber e ser recebido são duas artes que caminham juntas, tecendo uma rede de lembranças e afetos que, com certeza, vão durar por muito tempo.

COMO SER UMA CONVIDADA EXEMPLAR

Ser convidada para a casa de alguém é uma honra e uma oportunidade para fortalecer laços. Quando cruzamos a porta da casa de um amigo, um colega ou um familiar, levamos mais do que nossa presença — levamos a alegria da companhia e a responsabilidade de sermos hóspedes memoráveis.

Como fazer isso? É simples! Pequenos gestos, atenção aos detalhes e uma boa dose de empatia podem transformar você na convidada que todos querem ter por perto.

Aqui estão algumas dicas para ajudar você a brilhar e demonstrar que ser uma hóspede exemplar é mais do que apenas boa educação — é uma forma de retribuir o carinho da recepção e fazer do encontro uma ocasião ainda mais especial.

* Ao ser convidada para uma casa, é elegante levar um mimo para quem a recebe. Flores, chocolates ou algo personalizado refletem essa consideração. Se for sua primeira visita, esse gesto é ainda mais valorizado. Presenteie de modo discreto ao chegar.
* Ser uma presença cativante envolve mostrar genuíno interesse pelos demais convidados.
* Pontualidade é um sinal de respeito. Se atrasos forem inevitáveis, uma ligação informando a nova hora de chegada é essencial.
* Demonstre apreciação pela comida servida. Recusar delicadamente é uma arte, caso necessário.
* Evite comentários que possam ser interpretados como críticos em relação aos alimentos servidos.
* Esteja atenta aos gestos da anfitriã e siga suas sugestões para servir-se ou movimentar-se pela casa.
* Elogios sinceros ao menu são sempre bem-vindos.
* Ofereça-se discretamente para auxiliar durante o evento.
* Reconheça o momento apropriado para se despedir.
* Retribua a gentileza com um novo convite.

RECEBER HÓSPEDES PARA PERNOITAR

Receber alguém em nossa casa para compartilhar não apenas momentos, mas também nosso espaço mais íntimo, é um gesto de carinho e confiança. Abrir a porta do nosso lar para hóspedes que permanecerão conosco por uma noite ou mais é uma arte que reflete a essência da hospitalidade. Para tornar a estadia de seus convidados especial e fazê-los sentir verdadeiramente bem-vindos, aqui estão sugestões pensadas com carinho para que seus hóspedes se sintam em casa, valorizados e cuidados em cada detalhe da estadia.

* Garanta que o quarto de hóspedes esteja acolhedor, com roupas de cama limpas e arrumadas.
* Uma toalha limpa sobre a cama e um mimo de boas-vindas personalizam a experiência.
* Prepare um kit de necessidades básicas para o conforto do hóspede.
* Disponibilize produtos de higiene no banheiro e assegure-se de que toalhas extras estejam acessíveis.
* Mantenha alimentos disponíveis e demonstre como as pessoas podem se servir à vontade.

QUANDO VOCÊ VAI PERNOITAR

* Mantenha a ordem e instrua as crianças a respeitarem o espaço.
* Colabore com as atividades domésticas, sobretudo nas refeições.
* Seja prático em sua bagagem para não sobrecarregar o ambiente.
* Assegure-se de que o banheiro permaneça limpo após seu uso.
* Cuide para que sua estada não exceda o período de três dias, a menos que seja combinado de outra forma.
* Nunca leve animais de estimação, a menos que seja previamente acordado.

Finalizando sua visita com elegância

Demonstre sua gratidão com um presente ou um cartão após a sua estada. Se possível, retribua a hospitalidade convidando seu anfitrião para sua residência em algum momento futuro.

EXEMPLO DE CHECKLIST COMPLETO PARA RECEBER EM CASA

Sei que abrir as portas da sua casa para receber amigos e familiares é um ato de amor e consideração. Cada detalhe, desde o brilho dos talheres até o desabrochar de um sorriso, é um reflexo do seu coração acolhedor. Preparar-se para esses momentos pode ser tão emocionante quanto a própria celebração, e é para ajudar a transformar esse processo em uma jornada de alegria e facilidade que eu estou aqui.

Como a organização é a chave para um evento bem-sucedido, criei um checklist para garantir que nenhum detalhe escape do seu olhar cuidadoso. Pense nele como um abraço carinhoso, uma amiga que estende a mão para segurar a sua enquanto você planeja e cria a atmosfera perfeita para acolher quem você ama. Vamos juntas, passo a passo, garantir que sua casa seja o palco de momentos inesquecíveis e que cada encontro seja uma celebração da vida e das conexões que tanto valorizamos.

1. Planejamento do evento

- Definir o tipo de evento (café da manhã, *brunch*, jantar formal, encontro casual).
- Estimar o número de convidados.
- Definir o local da recepção.
- Planejar o menu de acordo com a ocasião.
- Verificar restrições alimentares dos convidados.
- Preparar uma lista de compras (comida, bebidas, decoração).
- Escolher a playlist ou a música ambiente.

2. Enxoval de mesa posta

- Roupa de mesa (toalha de mesa, passadeira ou jogo americano).
- Pratos (entrada, principal, sobremesa).
- Talheres (entrada, principal, sobremesa).
- Copos e taças (água, suco ou vinho).
- Guardanapos de papel ou tecido.
- Xícara de chá ou café com pires (colher de café e chá).
- *Sousplat* (item não obrigatório).
- Anéis para guardanapo (item não obrigatório).

3. Acervo
- *Réchaud.*
- Bandejas.
- Taças de sobremesa.
- Jarras de suco (colher de cabo grande para mexer o suco na jarra).
- Balde de gelo (com pegador).
- Garrafa de café ou máquina de café (cápsulas).
- Galheteiro (azeite, sal e pimenta).
- Açucareiro e adoçante.
- Talheres de servir.
- Itens decorativos.

4. Decoração
- Arranjos de flores ou centros de mesa.
- Velas ou iluminação indireta.
- Acessórios decorativos que combinem com o tema.

5. Organização da mesa
- Dispor roupa de mesa.
- Posicionar os *sousplats* (se utilizados).
- Centralizar os pratos.
- Dispor os talheres com alinhamento e espaçamento adequados.
- Posicionar as taças/copos acima das facas.
- Colocar os guardanapos ao lado esquerdo ou sobre os pratos. Ajustar as xícaras à direita, com as alças para o lado direito.

6. Organização da mesa de comidas
- Posicionar *réchaud* e bandejas.
- Posicionar talheres de serviço.
- Posicionar as decorações (arranjos de flores).
- Lembre-se de que você prepara tanto a mesa em que será servido o jantar como aquela em que serão servidos os aperitivos de entrada (pode ser na mesa de centro).

7. Organização das bebidas
- ○ Escolher as bebidas conforme o menu e preparar a estação.
- ○ Resfriar as bebidas (se necessário).
- ○ Posicionar os baldes de gelo (colocar o gelo pouco antes de a festa começar).
- ○ Organizar estação de café (café, chá, leite, açúcar, adoçante, chocolates e bolachinhas, xícaras e colheres).
  Preparar uma área de boas-vindas com bebidas para recepcionar.

8. Preparação de comidas
- ○ Cozinhar ou finalizar os pratos conforme planejados.
- ○ Dispor os alimentos nos *réchauds* e nas bandejas.
- ○ Preparar uma estação ou uma bandeja com aperitivos de boas-vindas para receber seus convidados (precisa "dialogar" com o que será servido no jantar).

9. Detalhes finais
- ○ Verificar a limpeza do ambiente.
- ○ Dispor lixeiras acessíveis para os convidados.
- ○ Checar o lavabo ou o banheiro (toalhas limpas, papel higiênico extra).
- ○ Criar um espaço para os convidados deixarem casacos/bolsas.
- ○ Ambientação de som e iluminação.
- ○ Aroma do ambiente (velas ou spray aromatizador).

10. Chegada dos convidados
- ○ Designar espaços para seus convidados se sentarem e socializarem, tomando uma bebida e comendo algum aperitivo, até que todos os convidados cheguem. No momento oportuno, encaminhe-os para a mesa ou o local onde será servida a comida.

Lembre-se de revisar esse checklist alguns dias antes e no dia do evento para garantir que tudo esteja em ordem para receber seus convidados com conforto e elegância. Pense também nas atividades ou em algum entretenimento leve.

Capítulo 16
TIPOS DE SERVIÇOS

QUERIDA MULHER, você sabe quais são os tipos de serviços à mesa?

Serviço é a maneira como a refeição deve ser servida aos convidados; é uma dança elegante entre anfitrião e convidado, uma peça fundamental que define o ritmo e o espírito do seu evento.

Neste capítulo, vou explicar as diversas formas de serviço à mesa – desde o mais casual e interativo ao mais sofisticado e formal. Seja você uma novata na arte de receber ou uma veterana em busca de mais elegância, estas dicas valiosas a ajudarão a definir a experiência de mesa que deseja criar.

Critérios para escolher o tipo de serviço

Alguns fatores são decisivos para proporcionar comodidade tanto para os anfitriões quanto para os convidados. A seleção do serviço ideal deve considerar os seguintes aspectos:

* Variedade do cardápio.
* Dimensões do espaço físico.
* Quantidade de convidados.
* Formalidade do evento.
* Tempo destinado para a refeição.

Tipos de serviço à mesa

Aqui estão os tipos de serviço que, frequentemente, adoto em recepções na minha casa. Eles a ajudarão tanto na sua escolha como com orientações para sua execução.

SERVIÇO FRANCO-AMERICANO

Esse é o tipo de serviço que mais escolho para minhas recepções. Ele mescla elementos dos serviços americano e francês, em que toda a comida é disposta no aparador, e a mesa é totalmente posta com taças, talheres e pratos. O convidado pega o prato na mesa e se serve da comida no aparador.

Considerações importantes

* É um dos serviços mais versáteis e recomendados.
* Providencie descansos de talheres para conveniência dos convidados.
* Em certos casos, os anfitriões podem auxiliar no serviço.
* A mesa deve estar arrumada com toda a louça e talheres necessários.
* Cada convidado deve ter um lugar definido à mesa.

Bebidas

Além do bufê, costumo preparar uma estação de bebidas separada, com uma apresentação visual atraente, incluindo sucos em jarras transparentes e uma área dedicada ao café, com tudo previamente preparado.

SERVIÇO À AMERICANA

Ideal para situações com mais convidados do que lugares à mesa, o serviço à americana consiste em um bufê em que estará disposto o que vai ser servido. Os próprios convidados se servem e, em seguida, podem degustar os pratos em diferentes locais, como em pé ou sentados em sofás.

Organização do bufê

A disposição eficiente do bufê facilita o acesso dos convidados:

* Coloque primeiro talheres e guardanapos.
* Depois disponha os pratos.
* Em seguida, coloque as saladas e as entradas.
* Organize os pratos quentes, como arroz, purês ou massas.
* Depois providencie as carnes.
* Acompanhamentos devem entrar na sequência.

Dica: Para evitar filas, é eficaz dividir o bufê em duas seções espelhadas, ou seja, oferecendo os mesmos itens em ambos os lados.

Bebidas

Além da estação central de bebidas, é prático distribuir bandejas com uma seleção de bebidas pela área do evento, permitindo que os convidados se sirvam com facilidade onde quer que estejam.

Ao estruturar o serviço de mesa, o objetivo é sempre garantir que a recepção seja tão agradável para os convidados quanto para os anfitriões.

SERVIÇO À BRASILEIRA

Esse serviço é a escolha perfeita para jantares familiares descontraídos. Consiste em dispor as travessas com a comida diretamente na mesa, e cada pessoa se serve à vontade. É mais adequado para encontros íntimos, com grupos pequenos de até seis pessoas, evitando, assim, a desconfortável situação de se estender por sobre a mesa ou de solicitar a alguém que passe as travessas repetidamente.

Dicas para um serviço à brasileira eficiente

* Embora seja um autosserviço, a anfitriã pode oferecer-se para servir os convidados.
* Limite a substituição de travessas a, no máximo, três momentos distintos, como entradas e saladas; prato principal; sobremesa e café.
* Considere a possibilidade de servir entradas e o prato principal simultaneamente.
* Esteja ciente de que há maior possibilidade de derramamentos e sujeira na mesa.

Bebidas

No serviço à brasileira, as bebidas, em geral, são posicionadas na mesa para que os convidados se sirvam como desejarem.

SERVIÇO EMPRATADO

O serviço empratado é uma expressão de elegância, em que os pratos já vêm montados e decorados para os convidados. Ideal para eventos mais formais, esse serviço requer uma equipe de suporte, como garçons e cozinheiros à disposição.

Preparativos para o serviço empratado

* Antes de os convidados chegarem, a mesa deve estar completamente arrumada, com os talheres apropriados para cada prato já posicionados.
* O serviço começa uma vez que todos os convidados estejam sentados. Marcadores de lugar são úteis para a organização dos assentos.

* Tradicionalmente, pratos são servidos e retirados pelo lado esquerdo, e as bebidas, pelo lado direito, sempre buscando a praticidade e o conforto dos presentes.
* Os cálices e as taças devem estar disponíveis durante toda a refeição, permitindo que os convidados se sirvam à vontade.
* Antes da sobremesa, é prudente remover utensílios desnecessários e limpar a mesa discretamente.

Menus impressos

Ter um menu impresso individual é uma maneira elegante de informar os convidados sobre os pratos que serão servidos, ajudando a gerenciar expectativas e preferências alimentares. Oferecer uma variedade de opções no prato principal, incluindo alternativas para aqueles que não comem carne ou frutos do mar, por exemplo, é uma excelente maneira de acomodar diferentes paladares.

Apresentação dos pratos

O uso de *cloches* mantém os pratos quentes e garante que sejam servidos na temperatura ideal. Para eficiência, recomenda-se um garçom para cada grupo de até seis convidados. O serviço, em geral, começa pelo convidado de honra e procede em sentido anti-horário, enquanto as bebidas são servidas em sentido horário. A aprovação do vinho normalmente fica a cargo do anfitrião ou da anfitriã.

Ordem do serviço

Uma sequência tradicional poderia ser: uma entrada, como salada ou sopa, um ou mais pratos principais, seguidos por sobremesa e frutas.

O serviço empratado, apesar de formal, permite que os anfitriões desfrutem o evento com tranquilidade, mantendo o foco na interação com os convidados.

Capítulo 17
COMO VIVER OS BENEFÍCIOS DA MESA NO SEU LAR

A MESA NÃO É APENAS uma superfície para dispor pratos e talheres; ela é um espaço sagrado que reúne histórias, sabores e sonhos. É um cenário que pode ser tão variado e inspirador quanto você desejar, capaz de se transformar com a simples troca de uma toalha ou o acender de uma vela.

Este capítulo é um guia prático para você incluir a beleza nos seus dias, ensinando você, mulher, a criar um ambiente que acolhe e que nutre. Da escolha da louça ao dobrar de um guardanapo, cada detalhe é uma nota em uma sinfonia visual e sensorial. Minha intenção é que cada refeição em sua casa seja um momento de união e encanto, e que tenha a convicção de como a mesa pode se tornar um pilar de amor e harmonia na sua vida diária.

Eu bem sei que em meio à correria do cotidiano, por vezes, esquecemos que os pequenos gestos podem ser fontes de grande alegria e conforto. Uma mesa bonita não precisa ser exclusiva de ocasiões especiais e, sim, um convite à apreciação e ao bem-estar no nosso dia a dia em casa. Fazer da mesa um ponto de encontro diário é redescobrir a satisfação nos detalhes: o colorido de uma louça escolhida com carinho, a harmonia entre cores e formas. Cada

refeição se torna uma celebração da vida, uma dádiva divina. Vamos começar?

Antecipação e proatividade são a chave

Antecipação é a chave para que a preparação da mesa não se torne um peso para você. Querida mulher, nunca deixe para montar tudo na última hora, pois isso provocará agitação e interferirá na atmosfera do ambiente. Minha sugestão: arrume tudo com antecedência!

Aqui estão algumas dicas que pratico em minha casa:

* Mantenha a mesa sempre arrumada para as próximas refeições (por exemplo, arrume a mesa do café da manhã na noite anterior).
* Prepare a cafeteira na véspera, com café e água, deixando-a pronta para ser ligada de manhã. Coloque ao lado os itens necessários, como xícaras, açúcar, adoçante, colherinhas e creme.
* Após higienizar a louça, em vez de guardá-la, já retorne à mesa.
* Guarde itens de uso frequente próximos à mesa. Uma bandeja com sal, pimenta, azeite, adoçante e guardanapos deve estar sempre à mão.

Planejamento e estrutura

O planejamento é essencial, seja para o cotidiano ou quando se trata de abrir as portas da sua casa para convidados. Preparar uma mesa requer um toque de previsão e um coração voltado para a organização a fim de que a magia flua sem empecilhos nos momentos de união.

Para o cotidiano, é necessário:
* Verificar quais refeições serão feitas em casa durante a semana.
* Determinar o número de pessoas para cada refeição.
* Planejar o cardápio semanal.

* Elaborar a lista de compras.
* Escolher um dia calmo para alterar a decoração da mesa.

Para ocasiões em que se recebem convidados, afinal, a arte de receber começa muito antes de o primeiro "bem-vindo" ser pronunciado.

* Escolher um dia tranquilo para as visitas.
* Considerar a natureza da ocasião.
* Decidir o número de convidados.
* Avaliar as necessidades alimentares específicas dos convidados.
* Elaborar o menu.
* Selecionar as louças que serão usadas.
* Planejar a disposição dos itens na mesa.
* Definir a decoração, como arranjos florais.

Envolva a família

O coração de um lar, muitas vezes, bate no compasso das refeições em família, em que cada membro, do mais jovem ao mais experiente, constrói os relacionamentos domésticos. Aqui, o mais importante é transformar o ato de comer juntos em uma oportunidade de crescimento e de partilha.

* Convide as crianças a ajudar – elas apreciarão se sentir envolvidas.
* Demonstre a importância da mesa para sua família.
* Inclua todos nos cuidados e na arrumação.
* Explique a verdadeira essência de estar à mesa juntos.

Gerenciamento das refeições

Criar uma atmosfera tranquila e organizada à mesa é essencial para que todos possam desfrutar o momento da refeição sem interrupções.

* Sirva a comida de forma a evitar levantar-se durante a refeição.
* Não retire nada da mesa até que todos tenham terminado.
* O tempo passado à mesa deve ser integralmente aproveitado.

Intencionalidade nas conversas

Às vezes, dar o primeiro passo para iniciar uma conversa pode parecer um desafio, especialmente à mesa, em que o compartilhar vai além do alimento. Se você achar difícil iniciar diálogos à mesa, anote estas dicas:

* Refletir antes sobre o que vai conversar durante as refeições, seja com a família ou visitas.
* Escolher assuntos de interesse geral.
* Fazer perguntas sobre assuntos de que sua família ou seus convidados gostam.
* Levar em conta que as pessoas preferem conversar sobre temas que lhes interessam.
* Ouvir atentamente e demonstrar atenção.

Lembre-se de que, quando fazemos perguntas sobre algo de que uma pessoa gosta, ela terá prazer em responder, então a conversa flui. Essa também é uma maneira de desenvolver conexões entre você, seu marido e seus filhos.

Promova um ambiente acolhedor

O lar é nosso refúgio, um lugar onde cada detalhe pode nutrir a alma e revigorar o espírito. Com gestos simples, podemos criar um ambiente que abraça cada pessoa que ali vive. Ao nos empenhar conscientemente em manter um ambiente tranquilo, não apenas refletimos nossa paz interior, mas também a ampliamos para nossas famílias e nossos convidados, fazendo de nossa casa um verdadeiro lar.

* Desligue a televisão nas horas das refeições.
* Coloque uma música de louvor suave.
* Não use o celular.
* Evite discussões durante as refeições.

Como mulheres, somos as influenciadoras da atmosfera dentro de casa. Se estivermos ansiosas, isso reflete no ambiente, então sejamos deliberadas em sustentar um clima de paz.

Simplifique seu dia a dia

A verdadeira elegância reside na simplicidade.

É possível tirar o máximo proveito do que já temos, transformando o simples em extraordinário. Não é necessário ter muitos elementos para montar uma mesa; basta usar o que já possui e extrair o poder que a mesa traz.

* Prefira itens que sejam práticos de limpar, como jogos americanos de plástico ou tecidos resistentes a manchas.
* Use guardanapos descartáveis.
* A louça branca básica é versátil e combina com tudo.
* Opte por peças neutras que permitam diversas combinações.

Persista!

Para incorporar o propósito de se sentar em família ao redor da mesa em seu lar, é necessário abraçar a certeza do impacto profundo que esses momentos podem ter para você e para quem ama. É bem natural que no começo essa prática pareça fora do comum ou até mesmo encontre alguma resistência, mas é essencial manter-se firme! Com o passar do tempo, a constância e o carinho dedicados a essas ocasiões começarão a construir uma nova cultura dentro da sua família, que, com certeza, inspirará e será valorizada por todos.

Tenha em mente, querida mulher, que a mesa que você arruma e os pratos que você serve são muito mais do que objetos; eles são a construção de um altar para Deus, produzindo vínculos afetivos duradouros. Ao perseverar, você não está apenas mantendo uma rotina, está lançando os alicerces de uma tradição familiar que será a construção de preciosas memórias por muitas gerações.

Capítulo 18
MESA POSTA NA PRÁTICA

ARRUMAR A MESA é uma arte repleta de escolhas que refletem sua personalidade e o carinho com que você prepara cada encontro. É um convite visual que você estende aos seus convidados, dizendo a eles que são bem-vindos e que cada momento partilhado será especial.

Montagem de uma mesa verdadeiramente elegante

Seja um jantar íntimo ou uma celebração grandiosa, uma mesa bem-posta é o cenário onde o poder da reunião acontece. Não se trata apenas de pratos e talheres, mas de criar uma atmosfera que envolve, encanta e permanece na memória de quem tem o prazer de se sentar à sua mesa.

Vou compartilhar com você os segredos de uma mesa elegante, detalhes que falam sem palavras, e que convidam a desfrutar tempos de comunhão em Deus e celebração. Pronta para transformar sua mesa em uma obra de arte?

Então, a seguir, apresentarei os utensílios e explicarei como utilizá-los para criar uma mesa encantadora.

ROUPA DE MESA

A escolha da roupa de mesa define o tom do evento: uma toalha de linho bordada sugere formalidade, enquanto um jogo americano de plástico indica um ambiente mais casual.

* **Toalha:** escolha para ocasiões mais formais ou quando desejar cobrir toda a mesa.
* **Jogo americano:** ideal para configurações mais casuais e proteção de áreas individuais.
* **Passadeira:** pode servir como um elemento decorativo ou para delimitar espaços.

O ideal é que você selecione apenas um desses itens para evitar excessos na mesa.

GUARDANAPOS

Coloque-os dentro do prato ou ao lado esquerdo, junto ao garfo.

* **Guardanapo de tecido:** o tamanho do guardanapo de tecido indica o nível de formalidade, variando de 45 cm a 55 cm para jantares, de 35 cm a 45 cm para almoços e cafés da manhã e de 12 cm a 15 cm para coquetéis. Um guardanapo de almoço, no entanto, pode ser versátil o suficiente para qualquer arranjo de mesa. Dobraduras criativas ou porta-guardanapos adicionam um toque decorativo.
* **Guardanapos de papel:** apropriados para o uso diário e para montagens informais de mesa posta. Evite o uso de porta-guardanapos com eles e prefira dobraduras simples.

SOUSPLAT

O *sousplat* é um item decorativo que serve como marcador de lugar e protege a mesa do calor dos pratos.

Ele não substitui o jogo americano e é desenhado para encaixar o prato raso grande.

Geralmente, varia entre 30,5 cm e 34,5 cm de tamanho.

Embora não seja essencial, o *sousplat* realça a estética da mesa, sendo utilizado apenas com o prato principal, e não adequado para pratos de salada ou de café da manhã. Não é um item obrigatório na mesa posta.

PRATOS

Os pratos são fundamentais em qualquer mesa e vêm em diferentes tamanhos:

* Pão: 15 cm
* Sobremesa: 18 cm
* Salada: 20 cm
* Almoço: 22,5 cm
* Jantar: 25,5 cm
* Sopa: 25 cm a 28 cm
* *Bowl*: 20 cm

Na montagem da mesa, os mais comuns são os de salada, almoço e sopa. O prato de sopa, quando utilizado, deve ser colocado sobre um prato raso grande, e pode servir para massas ou risotos. O prato de pão é para ocasiões mais formais, enquanto o *bowl* é versátil para cafés da manhã ou sobremesas, sempre acompanhado de um prato de salada por baixo.

TALHERES

Os talheres mais comuns são:

* Faca de servir: para almoço e jantar.
* Faca de sobremesa: para café da manhã e sobremesa.
* Faca de peixe: mais específica e pouco usada.
* Garfo de servir: para almoço e jantar.
* Garfo de sobremesa: para café da manhã e sobremesa.
* Garfo de peixe: diferenciado e raramente utilizado.
* Colher de sopa.
* Colher de sobremesa: para café da manhã e sobremesa.
* Colher de chá.
* Colher de café.

TAÇAS

A escolha adequada de taças é essencial para servir diferentes tipos de bebidas. É importante notar que bebidas alcoólicas, como vinho, devem ser servidas em taças incolores para que seja apreciada a cor da bebida.

Posicionamento das taças. Sempre há a dúvida: para que servem todas essas taças e por que elas são posicionadas dessa maneira?

* **Taça da ponta:** é a de vinho branco, pois o vinho branco harmoniza com um prato mais leve, como uma salada, uma entrada, ou até mesmo um peixe que é servido no início do jantar. Então, é a primeira taça a ser recolhida.
* **Segunda taça:** de vinho tinto. Esse vinho se harmoniza com um prato mais encorpado, como uma massa, uma carne. Então, a taça fica até a finalização do prato principal e é a segunda taça a ser recolhida.
* **Terceira taça:** de água, posicionada dessa forma porque ela vai ficar do início ao final da refeição.
* **Última taça:** é a de champanhe. Ela fica nessa posição porque, geralmente, é utilizada na hora da sobremesa, depois que todas as taças de vinho forem retiradas e só sobrar a taça de água.

XÍCARAS

A xícara deve ser sempre apresentada com um pires. A alça da xícara deve ser posicionada para o lado direito. Uma dica bastante útil é optar sempre pela xícara de chá quando for montar as mesas, pois ela é mais versátil e comporta vários tipos de bebidas quentes.

* **Café:** para servir café.
* **Chá:** para servir café, chá, cappuccino e chocolate quente.
* **Caneca:** para servir café, chá, cappuccino e chocolate quente. Mas é um item muito informal, por isso prefira a xícara quando for montar uma mesa.

HORA DA MONTAGEM

Agora que você já conhece os itens que são utilizados na composição da mesa posta e para que cada um deles serve, é hora da montagem.

Dica fundamental

Tudo o que é masculino é posicionado do lado esquerdo; tudo o que é feminino fica posicionado do lado direito. Então, o garfo fica do lado esquerdo, e a faca fica do lado direito, a taça fica do lado direito, o guardanapo fica do lado esquerdo, e assim por diante. Com exceção do copo, que fica do lado direito.

PARA FACILITAR A HARMONIA

Antes de iniciar as instruções sobre a montagem da mesa, darei a você algumas orientações úteis. Ao seguir essas diretrizes, tenho certeza de que você conseguirá montar uma mesa que não apenas pareça profissional, mas, principalmente, que seja acolhedora, adaptando-se ao evento e ao seu estilo pessoal.

* Jogo americano fica posicionado de modo a tocar a borda da mesa.
* *Sousplat* é posicionado a um centímetro da borda da mesa.
* Prato é posicionado a três centímetros da borda da mesa.
* O distanciamento entre os pratos é de seis centímetros do centro de um prato para o centro de outro.
* Talheres são posicionados a três centímetros da borda da mesa.
* O fio da faca (parte cortante) é posicionado virado para dentro.
* A taça de água é posicionada acima da ponta da faca de mesa (faca grande).

EXEMPLO PARA CAFÉ DA MANHÃ

Para a mesa de café da manhã, utilize utensílios associados à sobremesa, como pratos e talheres menores apropriados para cortar frutas e espalhar geleias.

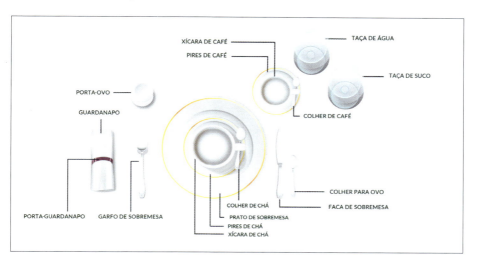

EXEMPLO PARA O *BRUNCH*

Para o *brunch*, que combina elementos do café da manhã e do almoço, escolha um modelo intermediário, que acomode uma variedade maior de pratos.

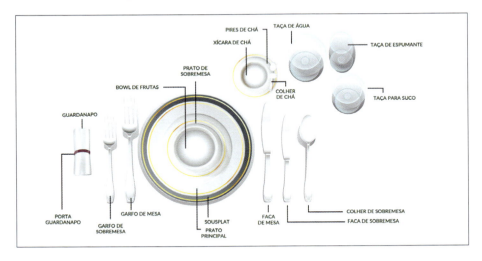

ELABORANDO UM JANTAR FORMAL

No jantar formal, siga um passo a passo detalhado para garantir elegância e protocolo.

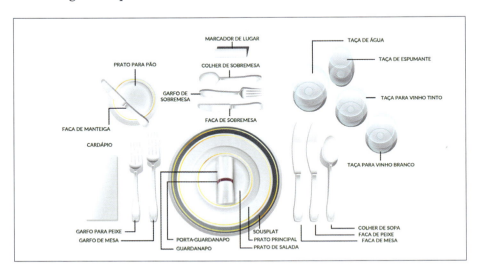

MESA BÁSICA PARA O ALMOÇO COTIDIANO

Para a mesa do dia a dia, opte por simplicidade e funcionalidade.

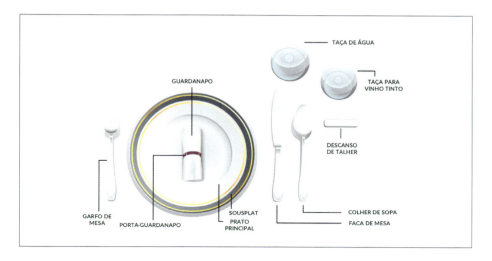

Montagem de um enxoval de mesa posta

A base de um enxoval para mesa posta consiste nos itens indispensáveis que facilitam o serviço e acrescentam elegância às suas refeições.

Itens essenciais

* Toalha de mesa ou jogo americano
* Pratos
* Talheres
* Copos e taças
* Guardanapos de papel ou tecido
* Xícara de chá

Nota: itens como *sousplat* e anéis para guardanapo são complementares, não essenciais.

DEFININDO AS QUANTIDADES

As quantidades devem ser baseadas em:

* O número de lugares na sua mesa.
* O número habitual de convidados.
* O espaço disponível para armazenamento.

Dica de compra: escolha peças que harmonizem com as que você já possui. Evite comprar itens unicamente pela aparência.

INVESTIMENTOS INTELIGENTES
* Louça completa com peças que se complementam.
* Um faqueiro completo de qualidade.

Construa uma base sólida com estes itens:
* Louça branca
* Taças de cristal
* Faqueiro completo
* Copos ou taças transparentes
* *Sousplat* neutro (opcional)

Roupas básicas para a mesa
* Toalha branca
* Jogo americano de tecido básico (cores neutras)
* Jogo americano impermeável básico (cores neutras)
* Guardanapos de tecido branco
* Porta-guardanapos simples (opcional)

Uma vez estabelecida a base do seu enxoval, você pode inserir cores e detalhes nos acessórios, como porta-guardanapos coloridos, para dar um toque pessoal e variar a decoração de acordo com a ocasião.

Espero que essas orientações a ajudem a criar e a diversificar seu enxoval de mesa posta, combinando funcionalidade e estilo!

Capítulo 19
AS CORES NA MESA POSTA: O JEITO IDEAL PARA COMBINÁ-LAS

EXISTEM INFINITAS POSSIBILIDADES DE COMBINAÇÕES, porém elas dependem da sensibilidade de cada pessoa. Assim, apresentarei algumas aplicações de cores na mesa.

Dicas para combinar cores na mesa

Você já viu aquelas mesas incríveis e coloridas na internet e tentou replicar em casa, mas o resultado não foi o mesmo? Muitas vezes, acabamos voltando para o clássico branco por ser uma escolha segura.

Isso acontece porque, visualmente, algumas combinações de cores são mais agradáveis que outras. Para ajudar você a criar mesas harmoniosas, vamos explorar uma técnica que pode ser aplicada não apenas na mesa posta, mas também em moda, decoração, pintura e muito mais.

Um truque essencial que vai se tornar seu melhor amigo é o "Círculo cromático" (*color wheel*, em inglês).

O círculo cromático é composto por 12 cores: 3 primárias, 3 secundárias e 6 terciárias. A partir dessas cores, uma infinidade de outras tonalidades pode ser criada variando a saturação.

CÍRCULO CROMÁTICO

CORES FRIAS

CORES QUENTES

Cores complementares

As cores têm um papel fascinante e importante em nossa percepção do mundo. Entre elas, temos as cores primárias, que são consideradas "puras" porque não podem ser criadas pela mistura de outras cores. As cores primárias são o vermelho, o azul e o amarelo. Cada uma delas é única e serve como a base para a criação de outras cores.

Por exemplo, pense no vermelho vibrante de uma maçã, no azul profundo do céu em um dia claro ou no amarelo brilhante do Sol. Essas cores são as fundações de todo o espectro de cores que conhecemos.

Já as cores secundárias são formadas pela combinação de duas cores primárias. Quando misturamos essas cores, obtemos novas encantadoras. As cores secundárias são o laranja, o verde e o roxo.

Vou exemplificar:
* O laranja é o resultado da mistura do vermelho com o amarelo. Já o verde surge da combinação do azul com o amarelo.
* O roxo é criado ao misturarmos o vermelho com o azul.

Essas misturas revelam a magia das cores e como elas podem se transformar para criar uma paleta ainda mais rica e diversificada. Entender as cores primárias e secundárias é como descobrir os segredos básicos de um mundo vibrante e colorido.

As cores com alta saturação são intensas, vibrantes e luminosas, carregando uma forte carga emocional e transmitindo ousadia e extroversão. Por outro lado, cores com baixa saturação são mais suaves e sutis, evocando elegância e delicadeza.

Cores análogas

Cores tríades

TEMPERATURA DAS CORES

As cores podem ser classificadas como quentes ou frias, de acordo com os efeitos que causam na percepção.

* **Cores quentes:** tons de vermelho, laranja e amarelo que evocam sensações de calor, alegria e energia. Estão associadas à extroversão e tendem a expandir a área que colorem, sendo ideais para destacar partes específicas da mesa.
* **Cores frias:** tons de azul, verde e violeta que trazem sensação de conforto e tranquilidade, rememorando o frio e a água. São mais discretas e tendem a contrair a área que colorem, tornando-se perfeitas para os detalhes mais sutis da mesa.

USANDO O CÍRCULO CROMÁTICO

Com o círculo cromático, você pode entender como diferentes cores interagem entre si. Aqui estão algumas maneiras de utilizá-lo:

* **Cores complementares:** escolha cores opostas no círculo cromático para criar uma combinação vibrante e dinâmica.
* **Cores análogas:** use cores que estão lado a lado no círculo cromático para uma combinação mais suave e harmoniosa.
* **Tríades:** selecione três cores equidistantes no círculo cromático para uma paleta equilibrada e diversificada.

Ao seguir essas diretrizes, você poderá criar composições de mesa visualmente agradáveis e harmoniosas. E o melhor de tudo, essa técnica não se limita apenas à mesa posta – pode ser aplicada em diversos aspectos da vida cotidiana, trazendo mais cor e alegria para o seu dia a dia!

Preto no branco

As menos ousadas podem optar por uma mesa monocromática, escolhendo diferentes tons da mesma cor. Já quem deseja explorar um pouco mais, deve apostar nas cores complementares que são opostas entre si no círculo cromático. Também existe a opção mais ousada das cores análogas, que se encontram próximas dentro do círculo.

O SIGNIFICADO DAS CORES NA MESA POSTA

Entender o significado das cores pode ajudar a transmitir a mensagem desejada em sua mesa.

A importância do branco

O branco é universalmente associado à paz, promovendo sensação de limpeza, tranquilidade e organização. Ele tem a capacidade de realçar a luminosidade das outras cores quando combinado, sendo uma das cores mais fáceis de harmonizar. Quando usado junto a tons vibrantes, desperta uma sensação de equilíbrio e harmonia.

Uma mesa posta em branco é um clássico atemporal, amplamente utilizado e apreciado pelos entusiastas da decoração de mesas desde os primórdios da etiqueta. Quando aplicado de maneira monocromática, oferece uma alternativa extremamente sofisticada e elegante.

Sendo considerado a ausência de pigmento, o branco se harmoniza perfeitamente com todas as outras cores. Sem dúvida, é uma escolha neutra e certeira para criar uma decoração harmoniosa. Elementos nessa cor são versáteis, pois ajudam a criar uma atmosfera mais acolhedora e familiar para os convidados.

Dica: se deseja evitar o branco como neutralizador na mesa, considere usar tons de bege ou transparentes. Em recepções mais informais e descontraídas, o cinza é um excelente substituto.

Atenção! Assim como mencionado ao longo do livro, ter peças brancas e/ou transparentes é um importante recurso na construção do seu kit básico de mesa posta.

Rosa

O rosa é frequentemente associado a delicadeza, romantismo e feminilidade. Tons suaves evocam inocência e proteção, enquanto os mais intensos, como o pink, são modernos e atraentes. Na decoração da mesa, ele é versátil, harmonizando bem com outras cores sem ser tão vibrante quanto laranja ou amarelo, nem tão intenso quanto vermelho. Ele adiciona sofisticação e elegância de forma sutil. Peças de mesa em rosa são abundantes no mercado, tornando fácil encontrar boas ofertas.

Roxo

Considerado exótico, o roxo é frequentemente ligado à espiritualidade. Seus tons mais profundos podem conferir um ar sério e sóbrio à mesa, mas quando combinado com elementos delicados como estampas e flores, pode resultar em uma decoração mais leve. Usar o roxo nos detalhes, em combinação com azul, verde, amarelo ou rosa, pode criar um visual equilibrado e sofisticado.

Vermelho

O vermelho é uma cor que evoca amor, paixão e energia, estimulando a circulação e melhorando a autoestima. Ideal para jantares românticos e eventos afetivos, também se adapta bem a recepções temáticas com pratos como pizza e churrasco. Usado de forma monocromática ou em diversos tons, intensifica a decoração. Investir em peças vermelhas é prático, pois são úteis em várias ocasiões ao longo do ano, incluindo o Natal.

Amarelo

O amarelo, assim como o vermelho, estimula o apetite e é acolhedor, promovendo otimismo e comunicação. Ele é perfeito para ocasiões alegres e descontraídas, como almoços familiares. Funciona bem em pequenos detalhes, contrastando com outras cores para evitar sobrecarga visual. Combinações com verde, azul, preto ou cinza podem adaptar o amarelo a eventos masculinos.

Verde

O verde transmite equilíbrio, harmonia e frescor, sendo uma excelente escolha para a mesa. Simbolizando natureza, vida e esperança, o verde estimula bem-estar. Em eventos rústicos ou masculinos, ele

pode ser usado de forma monocromática para evitar cansaço visual, misturando diferentes tons para criar contraste.

Azul

O azul oferece frescor e estimula a criatividade, transmitindo tranquilidade e serenidade. Associado à água, é calmante e desacelera os batimentos cardíacos. Versátil e fácil de combinar, é ideal para mesas de café da manhã e eventos diurnos. Misturar diferentes tons de azul com branco pode criar um efeito agradável e harmonioso.

Laranja

Conhecido por incentivar a comunicação, o laranja é vibrante e moderno. Ideal para detalhes em mesas coloridas ou em versões monocromáticas com tons mais escuros, pode substituir o amarelo ou vermelho para um resultado contemporâneo. Combina bem com azul e verde, equilibrando energia e sofisticação.

Preto

O preto é sinônimo de sofisticação e elegância, combinando facilmente com outras cores. Ideal para eventos masculinos ou formais, é perfeito para uma decoração minimalista. Seguir tendências atuais e investir em peças pretas pode resultar em uma mesa moderna e estilosa. Utilizado em detalhes ou em combinação com cores favoritas, adiciona um toque de classe a qualquer mesa.

TRÊS DICAS PRECIOSAS

Montar uma mesa posta é uma forma maravilhosa de demonstrar cuidado e atenção. Todos se sentem valorizados em um ambiente preparado com carinho. Se você nunca decorou sua própria mesa e está buscando orientação, ou se já é uma especialista procurando novas inspirações, estas três dicas certamente aumentarão sua confiança:

Cuidado para não se exceder!

A principal regra ao preparar uma mesa é manter a funcionalidade para você e seus convidados. Isso significa utilizar apenas o essencial. Por exemplo, se o almoço inclui salada, um galheteiro no centro pode ser útil para que cada um tempere seu prato a gosto. A prioridade deve ser sempre o conforto e a praticidade de todos.

O problema surge quando a mesa fica abarrotada de itens sem propósito, como talheres e louças que não serão utilizados na refeição. Por exemplo, se não haverá sopa, não há necessidade de colocar pratos fundos na mesa, ainda que sejam lindos, certo?

Portanto, antes de montar a mesa, considere cuidadosamente os alimentos e bebidas que serão servidos. Verifique a função de cada talher, prato e utensílio para garantir que tudo esteja adequado.

Decoração com moderação

Os acessórios decorativos são permitidos, mas devem ser usados com parcimônia. Arranjos de flores, caminhos de mesa e velas podem adicionar um toque especial, desde que não bloqueiem a visão entre os convidados, pois o seu maior objetivo deve ser a conexão entre as pessoas presentes, para tornar o momento memorável.

Dicas para usar estampas

Se você deseja adicionar cor e diversão à mesa posta, uma dica é harmonizar as estampas com as cores dos utensílios. Por exemplo, se você escolheu um jogo americano azul, combine-o com guardanapos e pratos com estampas na mesma tonalidade. Isso cria uma sensação de coesão e harmonia sem muito esforço, além de ficar elegante.

Não tenha medo de errar

Para começar a montar uma mesa posta, não é necessário muito. Use o que já tem em casa, estude mais sobre o tema e faça uma lista dos itens que faltam para completar a decoração.

Saiba que você não precisa montar a mesa de forma elaborada todos os dias. Comece devagar e sem pressão. Erros acontecem e fazem parte do aprendizado. Se você tiver dúvidas sobre cores, utilize um círculo cromático ou aposte no clássico branco. Lembre-se, a mesa perfeita é aquela que agrada ao anfitrião: você! Inspire-se, experimente diferentes composições e sinta prazer ao preparar sua mesa!

ESTILO DE MESAS

Aqui estão os estilos de serviço comumente adotados em recepções domiciliares, com algumas orientações para você implementá-los.

* **Estilo romântico:** evoca um sentimento de delicadeza e amor. Geralmente, é caracterizado por cores suaves, como rosas pálidos, brancos e cremes, e decorado com flores delicadas, velas e louças finas. É ideal para ocasiões como jantares de aniversário de casamento ou um encontro a dois. Pense em toalhas de mesa de renda, guardanapos elegantes e talheres com detalhes dourados para um toque extra de romantismo.
* **Estilo formal:** comunica elegância e sofisticação. Em geral, conta com um arranjo simétrico de talheres, pratos e copos, seguindo as regras clássicas de etiqueta. Os centros de

mesa são mais bem elaborados, com arranjos florais mais altos e toalhas de mesa de tecidos nobres. É o estilo perfeito para jantares oficiais, celebrações importantes ou encontros formais.

* **Estilo básico:** sinônimo de simplicidade e funcionalidade. As mesas básicas são descomplicadas, com poucos elementos decorativos. Pratos e talheres são organizados de maneira prática, sem excessos. É o modelo ideal para refeições diárias ou encontros casuais, em que a ênfase está mais na comida e na conversa do que na decoração.
* **Estilo extravagante:** marcada pela opulência e pelo excesso. Há uma abundância de elementos decorativos, como grandes arranjos florais, muitos acessórios de mesa, cores vivas e materiais luxuosos. Trata-se de um estilo mais adequado para eventos grandiosos e festas, em que se deseja impressionar e criar um ambiente cheio de glamour e exuberância.
* **Estilo criativo:** caracterizado pela inovação e pela originalidade. Uma mesa criativa, muitas vezes, quebra regras convencionais, usando combinações inusitadas de cores, padrões e acessórios. Pode incluir elementos temáticos, decoração feita à mão ou arranjos não tradicionais. É ideal para festas temáticas, reuniões informais de amigos ou sempre que se quiser surpreender os convidados com algo único.
* **Estilo casual:** aconchegante e convidativo, sem ser excessivamente formal ou elaborado. Utiliza louças mais despojadas, toalhas de mesa simples e arranjos florais baixos que facilitam a conversa. É perfeito para reuniões familiares, churrascos ou encontros descontraídos entre amigos.

Capítulo 20
MOMENTOS PARA DEGUSTAR À MESA

ADORO COZINHAR! E VOCÊ? Para mim, a culinária é uma construção, cada prato que monto é uma junção de sabores, texturas e cores, ou seja, é arte, e a mesa é o modo como me expresso. É como se eu tivesse construído uma escultura. Quando vou montar uma mesa de comidas, faço várias bases, molhos e finalizações, e assim construo cada prato que vai compor a refeição.

Mulher, mesmo que você não goste de cozinhar, tente se lembrar de que preparar a refeição é uma forma de expressar seu amor e seu carinho por sua família e por seus amigos, além de si mesma – afinal, você também merece desfrutar uma boa comida!

Apesar de ter estudado gastronomia na escola internacional Le Cordon Bleu, sempre preferi preparar receitas mais práticas e rápidas, talvez pelo fato de ter morado nos Estados Unidos por muitos anos, sem muito tempo nem ajuda para passar horas à beira do fogão.

Sempre optei por receitas que me permitissem elaborar o prato para que, ao final, na hora da montagem, eu pudesse deixá-lo bonito e atraente aos olhos. E é isso que quero trazer para você: uma cozinha prática, rápida, fácil de fazer, mas de encher os olhos e que dá água na boca.

Praticidade, antecipação, otimização de tempo, organização, construção e beleza, esses sempre foram os elementos-chave na minha cozinha! Neste capítulo, vou falar um pouco sobre eles. Vamos lá?

Praticidade

Sempre tive, no meu caderno de receitas, preparações fáceis e práticas de fazer. Muitas receitas são bases para outros pratos, bastando trocar alguns ingredientes ou misturá-los entre si, mudando completamente o resultado. Por exemplo, quando uso molho bechamel e adiciono gorgonzola para regar o filé ou o misturo à carne de panela desfiada para servir como molho para nhoque. Também costumo usar tomate *confit*, um antepasto para finalizar um peito de frango fatiado no forno ou como molho de uma massa como penne.

Antecipação

A antecipação é o segredo de tudo, inclusive na culinária. Costumo sempre deixar antepastos e molhos que duram muito na geladeira, como *caponata* de berinjela, tomate *confit*, molho pesto, molho de mostarda e mel. Eles podem ser usados tanto como uma entrada com torradas como em diferentes preparos – dá para compor uma salada, finalizar uma proteína ou até servir como molho para massa. Outra coisa que também costumo fazer é deixar na geladeira ingredientes previamente cortados, como cebola, pimentões e as carnes, antes de congelar. Isso proporciona muita praticidade na hora de cozinhar.

Organização

Falando sobre antecipação e praticidade, quero compartilhar com vocês uma das coisas que aprendi na faculdade de gastronomia e que me serviu como um princípio: o *mise en place*. Antes de começar a cozinhar, precisávamos ter todo o *mise en place* pronto. É uma junção de praticidade, antecipação e, acima de tudo, organização.

O QUE É *MISE EN PLACE*?

Imagine que você está prestes a preparar uma receita deliciosa que encontrou na internet. Você começa a misturar os ingredientes e, de repente, percebe que falta um item essencial ou que um ingrediente está vencido. Parece um pesadelo, não é? É exatamente para evitar situações como essa que existe a técnica do *mise en place*.

De origem francesa, *mise en place* significa "colocar em ordem" ou "preparar tudo com antecedência". Essa prática envolve organizar todos os ingredientes e utensílios necessários antes de começar a cozinhar, garantindo uma execução tranquila e eficiente. Seja para preparar um jantar sofisticado ou um simples prato do dia a dia, adotar o *mise en place* pode transformar sua experiência na cozinha.

Por que o mise en place *é importante?*

O *mise en place* assegura que todo o processo de preparação da sua receita ocorra de forma suave e sem interrupções. Ter todos os ingredientes e utensílios à mão evita a frustração de não encontrar algo no meio do preparo, o que pode levar a erros ou a queimar o prato. Além disso, essa organização prévia permite maior concentração nos detalhes da receita, garantindo melhores resultados no sabor e na apresentação.

Como fazer um bom mise en place*?*

Agora que você compreende a importância dessa técnica, veja como implementá-la de maneira eficaz:

* **Leia a receita com atenção**: antes de qualquer coisa, familiarize-se com a receita para entender todos os passos e ingredientes necessários.
* **Prepare os utensílios**: certifique-se de ter à disposição todas as ferramentas que vai precisar, como facas, tábuas de corte, liquidificador e ralador de legumes.
* **Verifique os ingredientes**: confira sua despensa e geladeira para garantir que possui todos os ingredientes. Faça uma lista e adquira o que estiver faltando antes de iniciar o preparo.
* **Separe e organize os ingredientes**: distribua os ingredientes em bowls ou pratinhos, facilitando o acesso durante o preparo.

Isso inclui medir e cortar os ingredientes conforme necessário para a receita.

* **Prepare os ingredientes**: realize preparações preliminares, como peneirar ingredientes secos ou picar legumes de acordo com as necessidades da receita.

Adotando a técnica do *mise en place*, você não só ganhará agilidade na cozinha, mas também poderá se dedicar mais à arte de cozinhar, garantindo pratos mais saborosos e bem preparados para agradar a si mesma e seus convidados.

FINALIZAÇÃO

"Como termina é que se conta."
— Pastor Márcio Valadão

Antes de trazer algumas receitas do meu caderno pessoal para vocês, quero falar sobre a parte de que mais gosto quando estou cozinhando ou preparando uma festa: a finalização dos pratos, ou seja, a decora-

ção das comidas. Afinal de contas, o ser humano contempla o belo, e nossos olhos são a janela da alma.

Você pode perceber que a aparência do prato faz que as pessoas o considerem gostoso antes mesmo de provar. O ser humano "come com os olhos", primeiro devorando cores e texturas e antecipando os sabores que virão a seguir. Sempre faço questão de decorar cada bandeja, cada *réchaud*. Muitas vezes, chego a passar horas decorando a mesa com comidas quando vou receber amigos.

Decoração da bandeja ou do réchaud

A decoração de um prato depende muito da atenção e do bom gosto individual, pois traduz o sentimento da pessoa e as sensações que ela espera causar diante do prato.

É semelhante à pintura de um quadro, quando o artista usa tela, tinta e pincel para retratar suas emoções e seus pensamentos. Assim, a decoração de um prato é muito parecida, pois transmite os sentimentos da mulher e causa percepções agradáveis naqueles que vão degustá-lo. Portanto, mulher, como não existem instruções prontas para serem seguidas, faça sempre tudo com muito amor do início ao fim, pois todos vão perceber sua intenção.

Deixarei para você algumas dicas pessoais que podem ajudar na hora de embelezar os pratos ou as travessas. A primeira delas é ter sempre vários tipos de ervas, como manjericão, alecrim, hortelã e tomilho, que ajudam bastante na finalização. Que tal manter uma pequena horta em casa? Além de simples, você sempre terá ervas frescas disponíveis em sua cozinha. Folhas, como agrião e chicória, frutas secas, como damasco e figo, além de nozes, castanhas e amêndoas são recursos incríveis para ajudá-la a decorar. Flores comestíveis, vegetais cortados, queijos, como gorgonzola e parmesão, também funcionam igualmente bem.

Eu faço sempre uma pequena mistura de frutas secas, nozes e azeite e uso para fazer a finalização do arroz, por exemplo. Quer mais uma dica para parecer uma *chef* profissional? Experimente usar o mesmo ingrediente que foi utilizado na receita para a finalização do prato.

Por exemplo, se você preparou um filé ao molho gorgonzola, pode posicionar pedaços de queijo gorgonzola no centro da bandeja e, por cima, ramos de alecrim. Fez um risoto de camarões? Então decore com camarões graúdos no centro do prato. Fica lindo! O importante é que o ingrediente a ser usado na decoração do prato combine com a comida servida.

Como decoro bandejas e réchauds

Primeiro, centralizo na bandeja o ingrediente escolhido. Às vezes, uso mais de um ingrediente, fazendo uma pequena montanha. Mas por que faço a decoração no centro da bandeja? A resposta é simples. Caso a pessoa não goste do ingrediente usado na finalização, terá a opção de se servir pela lateral, sem precisar pôr no prato o alimento indesejado.

Uma dica importante: ao posicionar a comida na bandeja, na travessa ou no *réchaud*, por exemplo, uma maionese de batatas, não pressione nem alise. Mantê-la sempre mais solta deixará a apresentação mais bonita e elegante.

Capítulo 21
MINHAS RECEITAS FAVORITAS

AGORA QUE VOCÊ conferiu no capítulo anterior os detalhes da preparação, é hora de conhecer algumas das minhas receitas favoritas. Este não é um livro de preparo de alimentos, por isso quero compartilhar com você apenas aquelas que mais faço para minha família e meus amigos.

Com estas receitas, você pode montar tanto refeições simples como jantares sofisticados, pois a maioria combina entre si, permitindo organizar um cardápio saboroso e versátil. Ah, todas as receitas rendem entre quatro a seis porções. Então, calcule a partir do número de pessoas da família ou de seus convidados.

Entradas e aperitivos

TERRINE
A terrine, prato tipicamente francês, é um sucesso global, sendo servida como entrada ou acompanhamento. Sua versatilidade permite combinar diversos ingredientes, como carnes, legumes e queijos. Desfrute essas deliciosas opções e encante-se com seu sabor refinado!

Terrine *(massa base)*

Ingredientes:
* 500 g de ricota
* 250 g de *cream cheese*
* Sal a gosto
* 2 colheres de sopa de creme de leite (opcional)
* Pimenta-do-reino a gosto (opcional)

Modo de preparo:
Combine os ingredientes no processador ou na batedeira, misturando bem até obter uma massa uniforme. Forre uma forma com papel filme ou unte com azeite. Despeje a mistura na forma preparada. Leve à geladeira e deixe descansar por 3 horas.

Variações de finalização

Terrine com mix de castanha e frutas secas
Ingredientes:
* 600 g de massa base da terrine
* 2 colheres de sopa de mel
* 2 colheres de sopa de azeite
* 1 dente de alho bem picado
* 40 g de uva-passa branca
* 40 g de uva-passa preta
* 20 g de nozes picadas
* 30 g de damasco picado
* 30 g de *goji berry*
* 30 g de amêndoas em lâminas salgada
* 20 g de amendoim torrado, granulado
* 40 g de castanha-do-pará picada
* 30 g de castanha-de-caju picada
* 20 g de avelã picada
* 20 g de kiwi seco picado

MOLHO PESTO

Essa receita fácil e rápida promete transformar seus pratos com seu sabor fresco e aromático. Feito com ingredientes simples, como manjericão, nozes, azeite de oliva, queijo parmesão, alho, sal e pimenta, esse molho é a adição perfeita para massas, sanduíches e saladas. A preparação no liquidificador garante uma textura suave e cremosa, ideal para quem busca uma opção saborosa e prática.

Desfrute o autêntico sabor italiano em apenas alguns minutos!

Ingredientes:
* 2 maços de manjericão
* 100 g de nozes
* ½ xícara de chá de azeite
* 100 g de parmesão
* 2 dentes de alho
* Sal e pimenta-do-reino a gosto

Modo de preparo:
Coloque os ingredientes no liquidificador e bata até a consistência desejada.

TOMATE *CONFIT*

Essa receita é um verdadeiro deleite para os amantes de sabores intensos e doces. Com sua origem na tradição da culinária francesa, o prato transforma os simples tomates-cereja em uma iguaria sofisticada. Ao serem lentamente assados no forno com azeite, alho, tomilho fresco e sal, os tomates liberam uma doçura caramelizada, enquanto absorvem os aromáticos sabores do alho e do tomilho. É o acompanhamento perfeito para carnes, peixes, ou mesmo como um destaque em uma tábua de queijos e pães. Prepare-se para elevar seus pratos com essa receita simples, mas incrivelmente saborosa!

Ingredientes:
* 500 g de tomates-cereja
* Azeite a gosto
* 2 dentes de alho
* Tomilho fresco
* Sal a gosto

Modo de preparo:
Coloque todos os ingredientes numa assadeira pequena. Leve ao forno por 25 minutos a 180 °C.

CAPONATA DE BERINJELA

Essa receita colorida e cheia de sabor, originária da Sicília, consegue capturar a essência do Mediterrâneo em cada garfada. Essa versão vegetariana é uma mistura rica de berinjelas, pimentões coloridos, cebolas, alho, além de um toque picante de pimenta dedo-de-moça, tudo acentuado pelo doce das uvas-passas brancas e o salgado das azeitonas verdes. Servida fria, a *caponata* de berinjela é perfeita como antepasto, acompanhamento ou até mesmo como um delicioso recheio.

Ingredientes:
* 3 berinjelas em fatias finas
* 1 pimentão verde em fatias finas
* 1 pimentão vermelho em fatias finas
* 1 pimentão amarelo em fatias finas
* 2 cebolas médias em fatias finas
* 8 dentes de alho triturados
* 1 pimenta dedo-de-moça picadinha (sem sementes)
* ½ xícara de chá de uvas-passas brancas
* 200 g de azeitonas verdes picadas
* 1 colher de sopa de orégano
* Cebolinha e salsinha a gosto
* Sal a gosto
* Pimenta-do-reino a gosto
* Azeite a gosto

Modo de preparo:
Retire a casca das berinjelas e corte-as em tiras finas. Remova as sementes dos pimentões e fatie-os em tirinhas. Em uma panela, aqueça o azeite e refogue a cebola picada, o alho amassado, a pimenta dedo-de-moça e o orégano. Adicione a berinjela e os pimentões, mexendo para evitar que grudem no fundo da panela. Acrescente as azeitonas, as uvas-passas e a pimenta-do-reino e ajuste o sal, se necessário. Cozinhe até que a berinjela esteja bem macia, então desligue o fogo e misture a salsinha e a cebolinha. Transfira para um refratário de vidro e deixe esfriar. Uma vez fria, coloque a *caponata* em um pote de vidro, cubra com azeite, tampe e leve à geladeira. Pode ser consumida gelada, mas o sabor fica ainda melhor no dia seguinte.

SALADA DE BURRATA

Essa salada é uma verdadeira celebração dos sabores italianos, combinando a suavidade cremosa da burrata com o intenso aroma do molho pesto e a doçura única do tomate *confit*. Esse prato não é apenas um deleite para o paladar, mas também uma obra

de arte visual, trazendo elegância e cor à sua mesa de jantar. Ideal para ocasiões especiais ou para aqueles dias em que você deseja tratar a si mesma e aos seus convidados com algo extraordinariamente saboroso, sem precisar passar horas na cozinha.

A combinação de ingredientes de alta qualidade, cada um trazendo a própria nota distinta, cria uma experiência gastronômica equilibrada e refinada. Finalizado com um punhado de folhas de manjericão fresco e um fio de azeite de oliva de boa qualidade, esse prato promete não apenas satisfazer, mas também surpreender e encantar todos à mesa.

Ingredientes:
* 1 burrata de 150-200 g
* Tomate *confit* (receita no livro) a gosto
* Molho pesto (receita no livro) a gosto
* 1 punhado de folhas de manjericão
* Azeite, sal e pimenta a gosto

Modo de preparo:
Forre o prato com o tomate *confit* e as folhas de manjericão. Coloque a burrata. Finalize com o molho pesto, azeite, sal, pimenta e folhas de manjericão.

SALADA *CAPRESE*

Essa salada combina a suavidade do queijo muçarela de búfala com a frescura dos tomates, tudo realçado pelo sabor aromático do molho pesto e enriquecido com folhas de manjericão. Cada ingrediente é selecionado por sua qualidade e sabor, resultando em uma salada que é tão bonita como saborosa. O azeite de oliva adiciona um toque especial, enquanto o sal equilibra perfeitamente todos os sabores. Ideal para acompanhar uma variedade de pratos, desde frutos do mar até carnes, a salada caprese é também uma escolha perfeita para um almoço leve ou como uma elegante entrada para o jantar.

Ingredientes:
* ½ quilo de queijo muçarela de búfala fatiado grosso
* 4 tomates fatiados grossos
* Molho pesto (receita no livro) a gosto
* Manjericão a gosto
* Azeite a gosto
* Sal a gosto

Modo de preparo:
Corte a muçarela de búfala em fatias grossas e coloque-as em um recipiente. Tempere com sal e azeite. Fatie os tomates e disponha-os em uma peneira, salpicando um pouco de sal por cima. Deixe

os tomates descansarem por cinco minutos para desidratar.

Montagem:
Alterne as fatias de muçarela de búfala com as fatias de tomate em um prato. Regue com molho pesto. Finalize com folhas de manjericão e um fio de azeite.

CARPACCIO CLÁSSICO COM MOLHO DE MOSTARDA E ALCAPARRAS

Essa receita fala diretamente ao coração dos amantes da culinária refinada. O prato, de origem italiana, é uma celebração da simplicidade e dos sabores intensos, em que finas fatias de carne crua, seja filé-mignon ou contrafilé, são habilmente temperadas e servidas com um molho vibrante e aromático. A mostarda *dijon*, com seu sabor picante e sofisticado, é a estrela do molho, complementada pela acidez do limão, a profundidade do molho inglês e a salinidade das alcaparras. O parmesão ralado adiciona uma nota de riqueza, enquanto o sal e a pimenta-do-reino equilibram perfeitamente os sabores. Trata-se de um prato que não apenas agrada ao paladar com sua combinação de sabores complexos, mas que também impressiona visualmente, sendo uma escolha perfeita para ocasiões especiais ou para um jantar elegante.

Ingredientes para o carpaccio:
* 1 pedaço de filé-mignon ou contrafilé

Ingredientes para o molho:
* 1 colher de sobremesa de mostarda *dijon*
* ½ limão (suco)
* Molho inglês a gosto
* 1 pitada de sal

* 1 pitada de pimenta-do-reino
* 1 colher de sopa de parmesão
* 1 colher de sopa de alcaparras

Ingredientes para finalizar:
* Rúcula a gosto
* Azeite a gosto
* Parmesão ralado a gosto
* Sal e pimenta a gosto

Modo de preparo:
Corte a carne em fatias bem finas. Coloque as fatias entre duas folhas de filme plástico e bata levemente com um martelo de carne. Em seguida, alise com um rolo.

Modo de preparo do molho:
Misture vigorosamente a mostarda e o suco de limão com um garfo ou *fouet* até obter uma emulsão homogênea. Acrescente alcaparras e parmesão para finalizar. Tempere a gosto.

Montagem:
Cubra o prato com uma camada de molho. Disponha as fatias de carne por cima. Adicione mais molho sobre a carne. Complete com rúcula, azeite, sal, pimenta e parmesão ralado.

CEVICHE DE SALMÃO

Verdadeira explosão de sabores frescos e vibrantes, perfeito para os amantes de frutos do mar que buscam uma refeição leve, saudável e cheia de sabor. Essa receita, que tem origem na culinária latino-americana, traz o salmão, um peixe rico em ômega-3, como protagonista, cortado em cubos pequenos para absorver todos os sucos e temperos. A acidez do limão não cozinha apenas o peixe em um processo de "cura" fria, mas também adiciona um brilho refrescante ao prato. A cebola roxa, cortada em pedacinhos, oferece uma textura crocante e um sabor suave, que contrasta perfeitamente com o calor suave da pimenta dedo-de-moça. Finalizado com salsinha picada para um toque de cor e frescor, e temperado à perfeição com sal, esse *ceviche* de salmão é a escolha ideal para um almoço de verão, um jantar leve ou como uma entrada sofisticada em qualquer ocasião.

Ingredientes:
* 500 g de salmão em cubos pequenos
* 1 cebola roxa grande em cubos pequenos
* 1 xícara de chá de suco de limão
* 1 pimenta dedo-de-moça bem picadinha
* Salsinha bem picadinha a gosto
* Sal a gosto

Modo de preparo:
Coloque os cubos de salmão em um recipiente de vidro. Acrescente a cebola roxa, a salsinha, a pimenta dedo-de-moça e sal a gosto. Misture delicadamente. Adicione o suco de limão. Cubra o recipiente com filme plástico e leve à geladeira por aproximadamente duas horas.

GUACAMOLE

Originário da culinária mexicana, conquistando o paladar de pessoas ao redor do mundo, esse prato é uma combinação perfeita de ingredientes frescos e nutritivos, liderados pelo abacate do tipo *avocado*, conhecido por suas propriedades saudáveis e textura cremosa. Adicionado a isso, o tomate sem sementes traz uma doçura natural, enquanto a cebola roxa e o alho oferecem uma base aromática que realça todos os sabores.

Ingredientes:
* 4 abacates do tipo *avocado*
* 1 tomate grande sem sementes
* 1 cebola roxa pequena
* 2 dentes de alho bem socados
* 1 maço de coentro
* 1 xícara de chá de suco de limão
* Azeite extravirgem
* Sal e pimenta a gosto

Modo de preparo:
Amasse o abacate com um garfo, acrescente o alho socado, o suco de limão, o sal e o azeite a gosto e misture como um purê. Pique a cebola e o tomate em cubinhos bem pequenos. Pique bem o coentro. Acrescente os ingredientes picados ao "purê" de abacate e misture. Adicione sal e pimenta a gosto.

TARTAR DE SALMÃO COM *AVOCADO* E MANGA
É uma receita que combina sabores e texturas de uma maneira excepcionalmente equilibrada e deliciosa, criando um prato sofisticado e cheio de frescor. Ideal para os dias mais quentes ou para quando você deseja uma refeição leve, porém nutritiva, esse *tartar* traz o salmão fresco como estrela, conhecido por sua textura macia e sabor suave, que se harmoniza perfeitamente com a cremosidade do *avocado* e a doçura tropical da manga. A cebola roxa, finamente picada, adiciona uma crocância sutil e um sabor picante que complementa a suavidade dos outros ingredientes. O limão, com sua acidez vibrante, não apenas realça os sabores, mas também atua como agente de "cura" leve para o salmão, intensificando sua textura e seu gosto. A mostarda é o toque de mestre, oferecendo um calor sutil e complexidade ao prato, enquanto o azeite envolve todos os componentes em uma riqueza suave, unindo os sabores de maneira harmoniosa. Perfeito para ocasiões especiais, jantares íntimos ou como uma entrada refinada.

Ingredientes:
* ½ kg de salmão fresco
* 2 abacates do tipo *avocado*
* 1 cebola roxa
* 1 manga
* 1 limão
* 1 colher de café de mostarda
* 2 colheres de sopa de azeite

Modo de preparo:
Corte o salmão limpo em cubos de aproximadamente 1 cm. Descasque e pique a cebola em pedaços bem pequenos. Em uma tigela

funda, misture o salmão com a cebola picada para marinar. Adicione suco de limão, mostarda e azeite de oliva, misturando bem. Cubra a tigela com filme plástico, selando bem, e deixe marinar na geladeira por 30 minutos para que o salmão absorva os sabores cítricos.

Enquanto o salmão descansa, prepare o acompanhamento: corte o abacate e a manga em cubos pequenos, do mesmo tamanho do salmão. Reserve. Após o tempo de marinada, retire o salmão da geladeira. Monte o *tartar* em uma forma redonda, alternando camadas de manga, abacate e salmão.

SALADA DE BATATA COM CAMARÕES

Essa receita combina a simplicidade da cozinha caseira com o requinte dos frutos do mar. É um prato que traz o conforto das batatas cozidas em cubos, unidas ao sabor sofisticado dos camarões grandes e suculentos, criando uma combinação perfeita para uma refeição leve ou um acompanhamento especial. Enriquecida com a cremosidade da maionese e o sabor aromático da cebola ralada e do alho, cada garfada promete uma experiência gustativa única. O toque de salsinha picadinha não só adiciona uma frescura ao prato, mas também uma cor vibrante que o torna visualmente atraente. Fácil de preparar, é uma salada ideal para um almoço de verão, um piquenique ao ar livre ou como um prato especial em jantares com amigos e família.

Ingredientes:
* 4 xícaras de chá de batatas cozidas e em cubos (4-5 batatas de tamanho médio)
* 2 ½ xícaras de chá de camarões grandes cozidos (cerca de 450 g)
* 7 colheres de sopa de maionese
* 2 colheres de sopa de cebola ralada
* 2 dentes de alho esmagados
* Sal a gosto
* 1-2 colheres de sopa de salsinha bem picadinha
* Azeite a gosto

Modo de preparo:
Tempere o camarão com sal, azeite, salsinha picada, um pouco de alho e deixe descansar. Misture a maionese, a cebola, o restante do alho e sal a gosto.

Misture todos os ingredientes em uma tigela. Para finalizar, polvilhe a salsinha bem picada.

Molhos

MOLHO DE VINHO TINTO PARA VÁRIAS FINALIZAÇÕES

Uma receita clássica e versátil capaz de adicionar uma camada de sabor e sofisticação a uma ampla variedade de pratos. Essa base simples e rica serve como um ponto de partida perfeito para inúmeras variações, permitindo-lhe personalizar o molho ao seu gosto, adicionando ingredientes, como cogumelos, queijo parmesão, creme de leite ou ervas frescas, para criar uma assinatura única em seus pratos. É um molho extraordinariamente adaptável, que harmoniza bem com carnes vermelhas, aves, massas e até mesmo pratos vegetarianos, oferecendo uma maneira elegante de elevar suas refeições. Experimente com seus acréscimos favoritos e descubra a alegria de criar um molho que é verdadeiramente seu, perfeito para impressionar convidados ou simplesmente para tornar uma refeição comum em algo memorável.

Ingredientes:
* 1 cebola grande
* 1 dente de alho
* 4 colheres de sopa de azeite
* 1 colher de sopa de manteiga
* 2 xícaras de chá de vinho tinto
* 2 xícaras de chá de caldo de legumes ou de carne (caseiro de preferência)
* 1 ramo de alecrim (ou outras ervas de que você goste)
* Sal e pimenta-do-reino moída na hora

Modo de preparo:
Pique a cebola e o alho bem finos. Em uma frigideira, aqueça o azeite e refogue a cebola por cerca de três minutos. Adicione o alho e um ramo de alecrim, cozinhando por mais três minutos e mexendo sempre. Despeje o vinho tinto e deixe refogar brevemente. Acrescente o caldo de legumes ou de carne e deixe reduzir pela metade. Retire o ramo de alecrim. Tempere com sal e pimenta-do-reino. Adicione a manteiga, misturando para obter um molho mais cremoso. Se houver algum caldo de carne assada disponível, adicione-o agora. Coe o molho antes de servir, se necessário.

MOLHO BECHAMEL

Molho delicado, que serve como base para uma infinidade de pratos, desde lasanhas até gratinados e molhos enriquecidos. Essa receita clássica começa com a preparação de um *roux*, uma mistura cozida de manteiga e farinha, que é lentamente combinada com leite aquecido, infundido com os sabores sutis de cebola, louro e cravos-da-índia, criando uma base lisa e aveludada. A magia do bechamel reside em sua versatilidade. Após alcançar a consistência perfeita, você tem a liberdade de personalizar o molho adicionando queijos, como parmesão ou gorgonzola, transformando-o em uma *mornay* ou em outras variações igualmente deliciosas. Perfeito para dar cremosidade a massas, vegetais ou como base para outros molhos mais elaborados, o bechamel é uma habilidade essencial no repertório de qualquer amante da culinária.

Ingredientes:
* ½ cebola cortada ao meio
* 1 folha de louro
* 3 cravos-da-índia
* 500 ml de leite
* 50 g de manteiga
* 50 g de farinha de trigo
* Sal e pimenta-do-reino a gosto
* Noz-moscada a gosto

Modo de preparo:
Prepare a cebola colocando a folha de louro por cima e espetando os três cravos para prender a folha. Reserve. Despeje o leite em uma panela, adicione a cebola e aqueça em fogo médio até o leite começar a ferver, sem mexer. Desligue o fogo, retire a cebola e reserve o leite. Em outra panela, derreta a manteiga em fogo médio. Adicione a farinha e mexa com um *fouet* por cerca de três a quatro minutos, até cozinhar bem. Adicione o leite reservado, mexendo continuamente por cerca de cinco minutos, ou até o molho começar a ferver. Tempere com sal, pimenta e noz-moscada, e desligue o fogo.

MOLHO DE TOMATES FRESCOS

Essa receita é um pilar da culinária italiana e uma homenagem aos tomates maduros, cuja doçura natural e acidez equilibrada formam a base de um molho deliciosamente simples, porém profundamente saboroso.

Ingredientes:
* 1 kg de tomates maduros
* 1 punhado de manjericão fresco
* 12 colheres de sopa de azeite extravirgem
* 5 dentes de alho
* 1 colher de sopa de sal

Modo de preparo:
Corte os tomates e retire as sementes. Numa panela, refogue o alho com o azeite e o manjericão até que fique tudo dourado. Coloque os tomates, mexa e tampe. Mexa bem até que fique bem despedaçado. Bata no liquidificador.

MOLHO DE MOSTARDA E MEL

Esse molho é incrivelmente versátil e fácil de preparar, sendo ideal para quem busca adicionar um toque gourmet às suas refeições sem complicação. Experimente sobre saladas para um tempero único, como condimento em sanduíches, ou mesmo como um molho para mergulhar petiscos e vegetais. Descubra a combinação harmoniosa de mostarda e mel, e veja como ingredientes simples podem se transformar em um molho de destaque na sua mesa.

Ingredientes:
* 1 xícara de chá de mostarda
* 5 colheres de sopa de mel
* 1 colher de chá de ervas finas
* ¼ xícara de chá de azeite
* Sal a gosto
* Salsinha a gosto
* Pimenta-do-reino a gosto

Modo de preparo:
Coloque a mostarda, o azeite e o mel em um recipiente. Use um *fouet* para misturar até obter uma consistência uniforme. Acrescente as ervas finas, a salsinha, o sal e a pimenta, misturando novamente até que tudo esteja bem incorporado. Transfira o molho para uma molheira ou um pote com tampa e leve à geladeira para esfriar. Pronto para servir! Desfrute desse delicioso molho.

MOLHO DE MARACUJÁ

Esse molho traz uma combinação inusitada que captura a essência tropical do maracujá, equilibrada pela suavidade do mel e a riqueza da manteiga, criando uma textura sedosa e um sabor que é, ao mesmo tempo, refrescante e reconfortante. A cebola picada acrescenta uma profundidade aromática ao molho, enquanto a salsa picada introduz uma nota de frescor e cor, complementando perfeitamente os sabores mais pronunciados do maracujá e do mel. O sal e a pimenta são essenciais para equilibrar a doçura e a acidez, realçando todos os sabores sem sobrepujar a delicadeza do maracujá. Perfeito para acompanhar pratos de carne, especialmente aves e porco, esse molho também pode ser uma adição surpreendente a pratos de peixe, proporcionando um contraponto ácido e doce que eleva a refeição. Além disso, pode ser uma excelente opção para temperar saladas ou como um molho diferenciado para tacos e *wraps*.

Ingredientes:
* 2 maracujás azedos
* 2 colheres de sopa de manteiga
* 2 colheres de sopa de mel
* 1 cebola pequena picada
* ½ xícara de salsa picada
* Sal e pimenta a gosto

Modo de preparo:
Coloque a polpa de maracujá no liquidificador e pulse algumas vezes para liberar o suco das sementes. Em seguida, coe. Em uma panela, derreta a manteiga e refogue a cebola. Adicione o suco de maracujá, o mel, o sal e a salsa, cozinhando por cerca de dez minutos até o molho engrossar. Sirva acompanhando frango ou peixes.

Pratos principais

FAROFA NATALINA

Esse prato traz consigo todo o espírito das festas de fim de ano, combinando ingredientes ricos e saborosos que complementam perfeitamente o banquete natalino. Ideal como acompanhamento para carnes, aves e peixes servidos nas celebrações de Natal, essa farofa natalina é um prato que não pode faltar na sua mesa, prometendo trazer ainda mais alegria e sabor para suas reuniões festivas.

Ingredientes:
* 1 xícara de chá de bacon cortado em cubinhos pequenos
* 1 cebola grande picada
* 300 g de mix de castanhas e frutas secas (receita no livro)
* ½ xícara de chá de azeite extravirgem
* Cerca de 2 xícaras de chá de farinha de mandioca
* Sal a gosto

Modo de preparo:
Numa panela, frite o bacon em sua própria gordura. Acrescente a ce-

bola e refogue até murchar. Junte o mix de castanhas e frutas secas e o azeite. Misture. Adicione aos poucos a farinha, mexendo sempre até obter uma farofa úmida. Tempere com sal a gosto.

ARROZ COLORIDO

Esse arroz promete trazer um arco-íris de sabores e texturas para sua mesa. Trata-se de um prato que combina o arroz cozido à perfeição com um mix exuberante de castanhas e frutas secas e que cria uma experiência culinária tanto visualmente atraente como deliciosamente satisfatória. Cada ingrediente é escolhido não apenas pelo sabor, mas pela cor e nutrição que adiciona ao prato. O mel e o azeite, com um toque de alho picado, criam um molho que envolve o mix, realçando ainda mais os sabores e trazendo um brilho especial ao conjunto. É um arroz perfeito para ocasiões festivas, servindo como um acompanhamento excepcional que vai bem com uma variedade de pratos principais.

Ingredientes:
* 1 xícara de chá de arroz
* 2 xícaras de chá de água
* ½ cebola e alho picado
* 1 colher de sopa de azeite
* 1 folha de louro
* ½ colher de chá de sal
* Mix de castanhas (receita no livro)

Modo de preparo:
Refogue o alho e a cebola no azeite. Coloque o arroz e deixe fritar por cerca de trinta segundos. Adicione a água fervente e o sal. Abaixe o fogo e deixe cozinhar até a água quase secar. Misture o arroz e o mix de castanhas e sirva.

ARROZ CREMOSO

Perfeito para quando você deseja adicionar um toque especial e aconchegante às suas refeições. Esse prato transforma o simples arroz cozido em uma experiência gastronômica, pois ele é versátil o suficiente para servir como um prato principal ou como acompanhamento para carnes, aves ou peixes, proporcionando um elemento cremoso e satisfatório à sua refeição. Seja para um jantar especial em família, seja como um mimo para si mesma, esse prato promete conforto e satisfação a cada colherada.

Ingredientes:
* 3 xícaras de arroz cozido
* 3 colheres de sopa de manteiga
* ½ cebola bem picada
* 2 xícaras de leite integral
* 2 xícaras de creme de leite fresco
* 1 pitada de noz-moscada
* 200 g de muçarela ralada
* 100 g de parmesão ralado
* Salsa a gosto

Modo de preparo:
Derreta a manteiga em uma panela e refogue a cebola por cinco minutos. Acrescente o arroz e continue refogando por mais cinco minutos. Despeje o leite e o creme de leite, adicione a noz-moscada, a muçarela ralada e metade do parmesão. Misture bem até obter uma consistência cremosa. Retire do fogo, salpique com salsinha e finalize com o restante do parmesão antes de servir.

ARROZ CREMOSO COM CAMARÕES

O arroz cremoso com camarões é uma receita que eleva o já irresistível arroz cremoso a um patamar de sofisticação e sabor, perfeito para ocasiões especiais ou quando você deseja impressionar seus convidados com um prato que é tão delicioso quanto parece. Essa versão enriquecida com camarões combina a textura aveludada do arroz cremoso com a doçura e a textura tenra dos camarões, criando um prato harmonioso e incrivelmente saboroso.

Ingredientes:
* 3 xícaras de arroz cremoso (receita no livro)
* 200 g de camarões limpos e descascados
* 3 colheres de sopa de azeite
* 1 cebola pequena picada
* 3 dentes de alho
* 2 tomates sem pele e sem sementes cortados em cubos
* Pimenta-do-reino moída na hora a gosto
* Salsinha picada a gosto
* Parmesão a gosto

Modo de preparo:
Em uma frigideira, aqueça o azeite e refogue a cebola até ficar translúcida. Junte o alho e deixe dourar. Adicione os camarões e refogue até ficarem rosados. Misture os cubos de tomate. Tempere com sal e pimenta. Na mesma panela, adicione o arroz e mexa. Finalize com salsinha e parmesão. Você também pode adicionar ervilhas frescas, caso goste.

PEITO DE FRANGO ASSADO COM TOMATE *CONFIT*

Combina a suculência do frango com a doçura intensa e a riqueza dos tomates confitados, resultando em um prato que é tão saboroso quanto elegante. Ele é a prova de que é possível criar uma refeição requintada com ingredientes simples e técnicas de cozimento descomplicadas. É uma escolha perfeita para um jantar especial ou para impressionar os convidados, combinando sabores clássicos de uma maneira ao mesmo tempo familiar.

Ingredientes:
* 4 peitos de frango (sem pele)
* 2 dentes de alho
* 1 colher de chá de orégano
* 1 colher de sopa de manteiga
* 3 colheres de sopa de azeite de oliva
* Sal a gosto
* Pimenta-do-reino a gosto

Modo de preparo:
Tempere o frango com sal, orégano, pimenta e o alho esmagado. Coloque o frango em uma travessa untada com manteiga e regue com azeite. Leve ao forno preaquecido a 180 °C e asse no forno por cerca de trinta minutos ou até dourar. Depois de pronto, fatie e finalize com o tomate *confit*.

PEITO DE FRANGO ASSADO AO MOLHO GORGONZOLA

A base desse prato são os peitos de frango assados até a perfeição, que por si só já são suculentos e saborosos; no entanto, quando cobertos com um luxuoso molho de gorgonzola, transformam-se numa obra-prima culinária. Servido com acompanhamentos simples, como batatas assadas, vegetais no vapor ou uma salada fresca, esse prato promete ser o centro das atenções, satisfazendo até os paladares mais exigentes.

Ingredientes:
* 4 peitos de frango assados (receita no livro)
* 4 xícaras de molho bechamel (receita no livro)
* 4 colheres de sopa de parmesão
* 1 ½ xícara de gorgonzola

Modo de preparo:
Aqueça o molho bechamel, acrescente o queijo parmesão e 1 xícara do queijo gorgonzola, cozinhando até derreter todo o queijo. Coloque o peito de frango fatiado em uma travessa e finalize com o molho e com o restante do gorgonzola que sobrou.

FILÉ-MIGNON SELADO AO MOLHO GORGONZOLA

Enriquecido com a textura cremosa do queijo gorgonzola e aromatizado com toques sutis de tomilho fresco, cada componente desse prato trabalha em conjunto para oferecer uma experiência culinária sofisticada. Ideal para uma ocasião especial ou um jantar elegante, esse prato não apenas agrada ao paladar, mas também encanta os olhos com sua apresentação caprichada.

Ingredientes:
* 1 kg de filé-mignon
* Sal a gosto
* 100 g de manteiga
* Azeite a gosto
* Molho gorgonzola a gosto
* Pedaços de gorgonzola
* Um punhado de tomilho

Modo de preparo:
Em uma vasilha, coloque os pedaços de filé-mignon e tempere-os com sal. Em uma frigideira, coloque a manteiga, um pouco de óleo e, assim que estiver bem quente, adicione a carne. Sele bem dos dois lados e transfira para uma assadeira forrada com papel-alumínio. Leve para assar em forno preaquecido a 200 °C por quinze minutos. Finalize com o molho gorgonzola, pedaços de gorgonzola e tomilho.

FILÉ-MIGNON SELADO AO MOLHO DE MOSTARDA E MEL

Esse prato é uma harmonia perfeita de sabores contrastantes, em que a carne macia e ricamente saborosa encontra um molho que equilibra perfeitamente o doce e o ácido, criando um perfil de sabor que é, ao mesmo tempo, ousado e irresistivelmente delicioso.

Cada bocado desse prato oferece uma experiência sensorial única, graças à técnica precisa de selar o filé-mignon, garantindo que cada peça esteja dourada por fora, mantendo um interior tenro e suculento. O molho de mostarda e mel, com sua combinação de doçura suave e notas picantes, complementa perfeitamente a riqueza da carne, enquanto o tomilho fresco adiciona uma camada adicional de aroma e sabor, elevando o prato a novas alturas culinárias. Perfeito para uma ocasião especial ou para impressionar em um jantar. Prepará-lo é uma declaração de amor pela boa comida e pelo prazer de compartilhar momentos especiais.

Ingredientes:
* 1 kg de filé-mignon selado (receita no livro)
* 2 xícaras de molho de mostarda e mel (receita no livro)
* Um punhado de tomilho

Modo de preparo:
Coloque os filés em um recipiente e finalize com o molho de mostarda e o tomilho para decorar.

FILÉ SELADO AO MOLHO DE VINHO TINTO

Ideal para um jantar elegante ou uma ocasião especial, esse prato promete não apenas satisfazer o paladar, mas também criar uma experiência memorável para todos os envolvidos. Servido com acompanhamentos simples que realçam os sabores principais, ele celebra a beleza e a simplicidade dos ingredientes de qualidade preparados com maestria.

Ingredientes:
* 1 kg de filé-mignon selado (receita no livro)
* 2 xícaras de molho de vinho tinto (receita no livro)
* Um punhado de tomilho

Modo de preparo:
Coloque os filés em um recipiente e finalize com o molho de vinho tinto e o tomilho para decorar.

LOMBO SUÍNO ASSADO COM MOLHO DE MARACUJÁ

Oferece uma combinação de sabores que é ao mesmo tempo exótica e reconfortante. O lombo é marinado em azeite e páprica picante, o que lhe confere uma camada externa picante e aromática, enquanto o interior permanece tenro e suculento após ser assado com perfeição. A páprica ainda adiciona uma profundeza de sabor e uma cor vibrante ao lombo, bem como introduz um calor sutil que complementa a doçura do molho de maracujá.

Ingredientes:
* 1 ½ kg de lombo suíno
* ¼ xícara de chá de azeite
* 1 colher de sopa de páprica picante
* 4 xícaras de chá de molho de maracujá (receita no livro)
* Sal a gosto

Modo de preparo:
Em uma tigela, coloque o lombo, o azeite, a páprica, a xícara do molho de maracujá e o sal a gosto. Deixe marinar na geladeira por doze horas. Transfira para uma assadeira e leve ao forno médio (180 °C), preaquecido, por aproximadamente uma hora, ou até dourar. Fatie o lombo, regue com o restante do molho de maracujá e sirva em seguida.

MIOLO DE ACÉM DESFIADO COM MOLHO BECHAMEL

Uma refeição reconfortante que combina a suculência do miolo de acém com a cremosidade do molho bechamel. Envolvido em aromas como louro, cominho e noz-moscada, e realçado com toques de vinagre e shoyu, esse prato promete uma explosão de sabores. O acém, cozido lentamente até ficar extremamente tenro, se desmancha facilmente, enquanto o molho, rico e suave, acrescenta ao prato uma textura sedosa. Perfeito para quem busca uma refeição aconchegante e cheia de sabor.

Ingredientes:
* 1 kg de miolo de acém
* 2 folhas de louro
* 2 colheres de sopa de vinagre
* 1 cebola picadinha
* 4 dentes de alho
* 5 colheres de sopa de shoyu
* Cominho a gosto
* Pimenta branca a gosto
* Sal a gosto
* Noz-moscada a gosto
* 1 colher de sopa de óleo
* 4 xícaras de molho bechamel (receita no livro)

Modo de preparo:
Em um recipiente, misture todos os temperos, acrescente a carne e deixe marinar por trinta minutos.

Aqueça a panela de pressão, acrescente o óleo, a carne com o molho do tempero e tampe a panela. Quando ela atingir a pressão, abaixe o fogo e deixe cozinhar por uma hora. Está pronto! Agora é só esfriar, misturar o molho bechamel e servir. Essa receita também pode ser servida tanto com uma massa como nhoque ou com arroz.

CAMARÃO AOS QUATRO QUEIJOS

Um prato luxuoso que une a delicadeza do camarão a uma rica combinação de queijos, criando uma experiência culinária inesquecível. O camarão, cuidadosamente preparado com cebola, alho e uma pitada de manteiga, serve de base para um molho cremoso e envolvente de muçarela, gorgonzola, parmesão e provolone, cada um trazendo sua identidade única ao prato. O creme de leite suaviza e harmoniza os sabores intensos dos queijos, enquanto a salsinha adiciona frescor, e a pimenta, um toque de calor. Esse prato não é apenas um banquete para o paladar, mas também para os olhos, prometendo ser o destaque de qualquer reunião ou ocasião especial.

Ingredientes:
* 2 kg de camarão
* 800 g de muçarela
* 1 cebola grande picada
* 2 dentes de alho picado
* 2 xícaras de creme de leite
* 2 xícaras de queijo gorgonzola esfarelado
* 2 xícaras de queijo parmesão ralado
* 2 xícaras de queijo provolone ralado
* Sal, pimenta e salsinha a gosto
* 1 colher de manteiga com sal

Modo de preparo:
Refogue o alho e a cebola na manteiga até dourar. Adicione o camarão, tempere com sal e pimenta, e cozinhe até que o líquido evapore. Acrescente o creme de leite e os queijos, mexendo com uma colher de pau até o molho engrossar. Ajuste o sal, se necessário. Decore com salsinha e, se desejar, adicione mais parmesão e gratine no forno antes de servir.

BOBÓ DE CAMARÃO

Uma verdadeira joia da culinária brasileira, o bobó de camarão é um prato rico e cremoso que celebra os sabores do mar e da terra. Com camarões suculentos mergulhados em um purê aveludado de mandioca, realçado com o sabor tropical do leite de coco e o aroma distintivo do azeite de dendê, cada colherada desse prato é uma experiência inesquecível. A combinação de pimentão, tomate, cebola e alho constrói uma base de sabor profundamente aromática, enquanto a pimenta dedo-de-moça traz um toque picante e equilibrado. O caldo de limão adiciona uma nota cítrica refrescante, e o coentro fresco introduz um elemento herbáceo que eleva todo o prato. Perfeito para ocasiões especiais ou para aquecer o coração e o paladar em dias mais frios, o bobó de camarão é uma celebração da cozinha brasileira, convidando todos para uma viagem sensorial rica em sabores e texturas.

Ingredientes:
* 700 g de camarão descascado e limpo
* 2 ½ xícaras de chá do caldo de camarão
* 500 g de mandioca descascada
* 1 pimentão vermelho
* 1 tomate maduro
* 1 cebola
* 3 dentes de alho
* 1 pimenta dedo-de-moça
* 200 ml de leite de coco
* Caldo de ½ limão
* 1 colher de sopa de azeite
* 1 colher de sopa de azeite de dendê
* 6 ramos de coentro
* Sal e pimenta-do-reino moída na hora e a gosto
* Folhas de coentro a gosto para servir

Modo de preparo:
Corte a mandioca em pedaços pequenos e coloque na panela de pressão. Adicione água, cobrindo a mandioca, mas sem ultrapassar do volume de segurança da panela. Tampe e cozinhe em fogo médio. Quando começar a apitar, reduza o fogo e deixe cozinhar por vinte minutos. Enquanto isso, prepare os outros ingredientes.

Descasque e pique finamente a cebola e o alho. Lave e seque o pimentão, o tomate, a pimenta dedo-de-moça e as folhas de coentro. Corte o pimentão e o tomate em cubos pequenos, retirando as sementes. Pique grosseiramente os talos e as folhas de coentro. Corte a pimenta dedo-de-moça ao meio no sentido do comprimento, retire as sementes com a ponta da faca e pique (para um bobó mais apimentado, mantenha as sementes). Dica: para evitar irritação nos olhos ao manusear pimentas, passe óleo ou azeite nas mãos após cortá-las e, em seguida, lave com sabonete para remover o óleo.

Tempere os camarões em uma tigela com suco de limão, sal e pimenta-do-reino a gosto. Após os vinte minutos de cozimento da mandioca, desligue o fogo e deixe a pressão sair completamente antes de abrir a panela.

Aqueça uma panela grande em fogo médio. Adicione azeite, a cebola e o pimentão, temperando com uma pitada de sal. Refogue por oito minutos até amolecer. Acrescente o tomate e refogue por mais quatro minutos, pressionando com a espátula para formar uma pasta. Desligue o fogo e transfira o refogado para o liquidificador.

Adicione uma xícara de chá do caldo de camarão ao refogado e bata até ficar homogêneo. Acrescente a mandioca cozida (sem a água do cozimento) e bata novamente até obter um creme liso. Reserve.

Volte a panela ao fogo médio, adicione azeite de dendê e cozinhe os camarões em etapas para que dourem, não amontoando-os. Cozinhe os camarões por um minuto de cada lado e transfira-os para uma tigela. Repita o processo com o restante dos camarões, reservando o caldo de limão do tempero.

Na mesma panela, refogue o alho e a pimenta dedo-de-moça em fogo médio, temperando com uma pitada de sal. Adicione gradualmente o restante do caldo de camarão (1 ½ xícara) e o caldo de limão reservado, mexendo para dissolver os resíduos do fundo da panela.

Reduza o fogo, misture o creme de mandioca e ajuste o sal. Quando começar a ferver, adicione o leite de coco e cozinhe, mexendo ocasionalmente, por mais cinco minutos até obter um creme saboroso e encorpado.

Adicione os camarões dourados (junto com o caldo da tigela) à panela, misture e cozinhe por dois minutos para aquecer. Desligue o fogo, adicione o coentro picado, prove e ajuste o sal conforme necessário. Sirva imediatamente, decorado com folhas de coentro a gosto.

FRICASSÉ DE FRANGO

Esse prato é um convite ao conforto, combinando peito de frango desfiado com a cremosidade do requeijão e do creme de leite, enriquecido com o doce sabor do milho. A base de cebola e do alho refogados em azeite forma a perfeita harmonia de sabores, enquanto o sal realça cada ingrediente. Finalizado com uma camada crocante de batata palha, esse fricassé de frango é uma refeição que promete aconchego e satisfação, ideal para reunir a família em torno da mesa.

Ingredientes:
* 400 g de peito de frango cozido e desfiado
* 200 g de milho
* 200 g de requeijão
* 200 g de creme de leite
* Azeite a gosto
* 1 cebola picada
* 2 dentes de alho picado
* Sal a gosto
* 90 g de batata palha

Modo de preparo:
No liquidificador, bata o milho, o requeijão e o creme de leite até obter uma mistura homogênea. Reserve. Em uma frigideira com azeite, refogue a cebola e o alho até dourarem. Adicione o peito de frango desfiado e misture bem. Acrescente o creme reservado e misture novamente. Tempere com sal a gosto. Transfira a mistura para uma travessa e cubra com batata palha. Leve ao forno pré-aquecido a 180 °C por vinte minutos. Sirva imediatamente.

SALMÃO AO MOLHO DE MARACUJÁ

Esse prato é uma celebração de sabores, em que o salmão suculento e delicadamente temperado encontra o exótico e refrescante molho de maracujá. Untado com manteiga e temperado com sal e pimenta-do-reino branca, o salmão é preparado até atingir a perfeição, com uma textura que derrete na boca. O molho de maracujá, com sua acidez característica e doçura sutil, complementa o peixe de modo magistral, criando uma harmonia de sabores que é simultaneamente sofisticada e acolhedora. Esse prato não só é uma delícia para o paladar, mas também uma opção saudável e colorida para impressionar em qualquer ocasião.

Ingredientes:
* 600 g de salmão em postas
* Sal e pimenta-do-reino branca
* Manteiga para untar
* Molho de maracujá a gosto

Modo de preparo:
Tempere as postas de salmão com sal e pimenta-do-reino. Coloque o peixe em uma assadeira untada, cubra com papel-alumínio e leve ao forno pré-aquecido a 200 °C por vinte minutos. Retire o papel-alumínio e continue assando até o peixe dourar. Em seguida, retire do forno e disponha as postas em uma travessa. Regue com molho de maracujá e sirva.

SALMÃO TERIYAKI

Esse prato é a união perfeita entre a culinária japonesa e toques gourmet, apresentando postas de salmão marinadas em molho teriyaki e realçadas com a frescura do limão siciliano. O salmão, levemente untado com manteiga e temperado com sal e pimenta-do-reino branca, é levado ao forno até atingir uma textura perfeita, na qual o exterior ligeiramente caramelizado contrasta com o interior tenro e suculento. A adição de suco e raspas de limão siciliano infundem o prato com um aroma cítrico e uma leve acidez que equilibra a doçura do molho teriyaki. Finalizado com um fio de azeite trufado, esse salmão teriyaki promete ser uma experiência gastronômica rica em sabores e texturas, ideal para uma refeição especial ou um jantar sofisticado.

Ingredientes:
* 600 g de salmão em postas
* Sal e pimenta-do-reino branca
* Manteiga para untar
* Molho teriyaki
* Suco de 1 limão siciliano
* Raspas de 1 limão siciliano
* Azeite trufado para finalizar

Modo de preparo:
Tempere as postas de salmão com sal e pimenta-do-reino, molho teriyaki, suco do limão e raspas do limão. Arrume o peixe na assadeira untada, embrulhe com papel-alumínio e leve ao forno médio preaquecido (200 °C) por vinte minutos.

Remova o papel-alumínio e deixe o peixe no forno até dourar. Retire também o peixe do forno e disponha as postas em uma travessa. Regue com azeite trufado e sirva.

BACALHAU GRATINADO COM PURÊ DE BATATAS

Esse prato é um verdadeiro deleite, combinando a tradição do bacalhau com a cremosidade e a suavidade de um purê de batatas perfeitamente temperado. Trata-se da escolha perfeita para um almoço em família ou uma ocasião especial, prometendo conquistar todos à mesa com sua combinação de sabores e texturas.

Ingredientes para o purê de batatas:
* 500 g de batatas
* 1 colher de sopa de manteiga
* ½ caixa de creme de leite
* Sal e noz-moscada (a gosto)

Ingredientes para o bacalhau refogado:
* 500 g de bacalhau dessalgado, cozido e desfiado
* 4 colheres de sopa de azeite de oliva
* ½ cebola fatiada fina
* Azeitonas pretas picadas e inteiras a gosto
* Azeitonas verdes picadas a gosto
* Salsa picada

Ingredientes para finalização:
* 150 g de requeijão cremoso
* 50 g de queijo parmesão ralado
* 100 g de muçarela ralada
* Azeite extravirgem a gosto

Modo de preparo:
Purê de batatas
Descasque e cozinhe as batatas em água com sal até ficarem bem macias. Escorra a água e, na mesma panela, amasse as batatas. Acrescente creme de leite, manteiga e noz-moscada, mexendo até formar um purê liso e cremoso. Cozinhe rapidamente em fogo baixo para obter a consistência desejada, pois o purê será a base da nossa receita. Reserve.

Refogado de bacalhau
Aqueça o azeite de oliva em uma frigideira e refogue a cebola fatiada em fogo baixo, mexendo constantemente para não queimar. Adicione o bacalhau desfiado e as azeitonas picadas, refogando por alguns minutos. Prove e ajuste o sal, se necessário, e tempere com pimenta-do-reino. Desligue o fogo e misture a salsa picada. Reserve o refogado.

Montagem e finalização
Em um refratário, misture o purê de batatas, o refogado de bacalhau, o requeijão, a muçarela e uma quantidade generosa de azeite. Unte um outro refratário com azeite, espalhe a mistura de maneira uniforme e polvilhe parmesão ralado por cima. Leve ao forno para gratinar até dourar. Sirva imediatamente.

Sobremesas

MOUSSE DE LIMÃO COM GANACHE DE CHOCOLATE
Esse é um doce elegante e refrescante que combina a leveza e a acidez do mousse de limão com a riqueza e a suavidade da ganache de chocolate, criando uma sobremesa de contraste delicioso. Quando combinados, são dois elementos que trazem o melhor um do outro, oferecendo uma experiência de sabor única e irresistível. Essa sobremesa não só é visualmente atraente, com suas camadas distintas, mas também é uma festa para os sentidos, ideal para finalizar uma refeição especial ou celebrar ocasiões importantes. A

escolha certeira para quem deseja impressionar com uma sobremesa que é, ao mesmo tempo, simples de preparar e sofisticada.

Ingredientes:
- 1 lata de leite condensado
- 1 lata de creme de leite
- ½ xícara de suco de limão
- 150 g de chocolate ao leite ou meio amargo
- 200 g de creme de leite fresco
- 1 colher de sopa de manteiga

Modo de preparo:
Mousse
No liquidificador, adicione o creme de leite (incluindo o soro) e o leite condensado. Bata por alguns instantes e, gradualmente, acres-

cente o suco de limão. A mistura vai engrossar e ficar bem consistente. Coloque na geladeira para firmar.

Ganache
Derreta o chocolate em um recipiente de vidro no micro-ondas em potência máxima por 1 minuto. Enquanto isso, derreta a manteiga separadamente. Retire o chocolate do micro-ondas e mexa bem. Se ainda houver pedaços sólidos, coloque de volta no micro-ondas por mais 30 segundos. Em uma panela, combine o chocolate derretido, a manteiga derretida e o creme de leite. Cozinhe em fogo baixo, mexendo até obter um creme homogêneo.

Finalização:
Retire o mousse da geladeira e cubra com uma camada espessa de ganache. Coloque novamente no refrigerador por alguns minutos para firmar. Decore com raspas de limão antes de servir.

MOUSSE DE CHOCOLATE

Uma sobremesa clássica e atemporal, o mousse de chocolate é o equilíbrio perfeito entre simplicidade e sofisticação. Com apenas três ingredientes, essa receita transforma chocolate meio amargo e creme de leite em uma sobremesa cremosa e aveludada que satisfaz os desejos de qualquer amante do chocolate. O segredo está na combinação do chocolate derretido com o creme de leite, criando uma textura leve e, ao mesmo tempo, intensamente saborosa. Finalizado com raspas de chocolate e morangos frescos, o mousse não só é delicioso, mas também uma apresentação elegante que agrada aos olhos. Essa sobremesa é perfeita para qualquer ocasião, desde um jantar íntimo até uma celebração especial, prometendo encantar e deixar uma impressão memorável em todos os que a provarem.

Ingredientes:
* 1 barra ou 180 g de chocolate meio amargo (ou da sua preferência)
* 600 g ou 2 latas de creme de leite
* Raspas de chocolate e morangos para decorar

Modo de preparo:
Derreta o chocolate usando banho-maria ou o micro-ondas. Misture o chocolate derretido com o creme de leite até ficar homogêneo. Transfira a mistura para uma batedeira e bata até obter uma textura bem aerada. Coloque na geladeira por pelo menos quatro horas. Na hora de servir, decore com raspas de chocolate e morangos.

PAVÊ DE LEITE EM PÓ E CHOCOLATE

Decorado com morangos frescos e raspas de chocolate, esse pavê não só desperta o paladar, mas também aguça os sentidos com sua apresentação colorida e elegante. As folhas de hortelã adicionam um toque de frescor, equilibrando a doçura da sobremesa. Perfeito para ocasiões festivas ou como um mimo para encerrar uma refeição especial, o pavê de leite em pó e chocolate é uma escolha certeira para surpreender e satisfazer os amantes de doces.

Ingredientes:
* 1 pacote de bolacha sabor Maizena
* 2 latas de leite condensado
* 4 latas de creme de leite
* Chocolate meio amargo em pó e a gosto
* Leite em pó a gosto
* Leite para umedecer as bolachas
* Morango e raspas de chocolate para decorar
* Folhas de hortelã

Modo de preparo:
Faça um brigadeiro com uma lata de leite condensado, duas latas de creme de leite e leite em pó. Faça outro brigadeiro com uma lata de leite condensado, duas latas de creme de leite e o chocolate em pó.

Montagem:
Em uma taça funda alterne camadas de brigadeiro de leite em pó. Em seguida, faça uma camada de bolacha umedecida no leite e uma camada de brigadeiro de chocolate. Depois, uma camada de

bolacha umedecida no leite, e assim até acabar, terminando na camada de brigadeiro de leite em pó. Finalize, polvilhando leite em pó até cobrir toda a taça, com as raspas de chocolate no centro, os morangos e as folhas de hortelã para decorar.

CHEESECAKE DE FRUTAS VERMELHAS

Essa sobremesa é a escolha perfeita para qualquer ocasião especial, desde jantares em família até festas com amigos. Sua combinação de texturas e sabores certamente agradará a todos os paladares, tornando-se uma adição memorável à mesa de sobremesas.

Ingredientes para a massa:
* 160 g de biscoito do tipo Maizena moído
* 80 g de manteiga derretida
* ½ colher de chá de canela

Ingredientes para o recheio:
* 690 g de *cream cheese*
* 180 g de açúcar refinado

* 1 colher de sopa de essência de baunilha
* 1 colher de sopa de suco de limão
* 3 ovos

Ingredientes para a calda:
* 300 g de frutas vermelhas congeladas
* 200 g de açúcar
* Suco de um limão

Para decorar:
* Frutas vermelhas frescas
* Folhas de hortelã

Modo de preparo da base:
Transforme os biscoitos em uma farofa fina usando um processador. Adicione a manteiga derretida e misture bem até formar uma massa homogênea. Pressione essa mistura no fundo de uma forma de 20 cm com fundo removível e reserve.

Modo de preparo do recheio:
Amacie o *cream cheese* na batedeira até ficar cremoso. Gradualmente, adicione o açúcar em velocidade baixa. Pare de bater, acrescente a baunilha, o suco de limão e os ovos, misturando até que estejam completamente incorporados. Despeje o recheio na forma preparada e asse em forno pré-aquecido a 150 ºC por 15 minutos. Depois, reduza a temperatura para 100 ºC e asse por mais 30 minutos. Deixe esfriar e leve à geladeira.

Modo de preparo da calda:
Em uma panela, cozinhe todos os ingredientes em fogo baixo, mexendo constantemente com uma espátula até obter uma consistência espessa. Retire do fogo, deixe esfriar e bata no liquidificador até ficar homogêneo. Despeje a calda sobre o cheesecake já frio, decorando com frutas vermelhas e folhas de hortelã.

5
ORDEM NO LAR

Capítulo 22
LIMPEZA E ORGANIZAÇÃO DA CASA

> *Muito bem, servo bom e fiel! Você foi fiel no pouco, eu o porei sobre o muito. Venha e participe da alegria do seu Senhor!*
> — MATEUS 25,23

CUIDAR DE TUDO o que Deus colocou em suas mãos é exercer o princípio da gratidão. Cuidar com amor do que já possui a torna apta a receber novas bênçãos! O que observo muito em minha caminhada são mulheres desejando ter uma casa maior, mas que não estão nem dando conta de cuidar da casa que já têm. Se você não consegue cuidar de uma casa menor, como Deus vai presenteá-la com uma casa maior?

Sempre temi ser ingrata com o que o Pai havia colocado em minhas mãos, e com diligência e amor cuidei de cada casa com a qual Deus me presenteou, organizando, limpando e mantendo tudo sempre com muito capricho. Por isso, neste capítulo quero compartilhar com você algumas dicas de limpeza e organização do lar, pois tenho certeza de que elas podem facilitar seu dia a dia, assim como até hoje facilitam o meu.

Foi nos Estados Unidos que descobri como fazer bem esse trabalho, porque lá não é comum ter uma empregada doméstica. Eu "aprendia ou aprendia", pois não havia escolha! Foi na prática, e na raça, que descobri os melhores truques.

Mulher, primeiro quero dizer a você que limpar e organizar a casa não precisa ser uma tarefa complicada nem pesada. Na realidade, hoje vejo como sinônimo de carinho e atenção. Esse pensamento representa uma mudança de ótica, pois muitas mulheres encaram cuidar do lar como um sacrifício. A principal lição é simplificar cada etapa, para torná-la não apenas eficaz, mas também satisfatória. Para isso, baseio minha abordagem em três pilares fundamentais: visualizar tudo o que tenho, utilizar o que possuo e garantir que cada objeto tenha seu próprio lugar. Esses são os alicerces que me ajudam a manter a casa organizada e aconchegante.

Os três pilares da organização

* **Visualizar:** é importante saber o que temos em casa. Isso evita acumular coisas desnecessárias e nos ajuda a valorizar o que já possuímos.
* **Utilizar:** se não usamos, por que guardar? Manter apenas o que realmente utilizamos simplifica nossa vida e nossa casa.
* **Cada coisa em seu lugar:** designar um lugar específico para cada objeto facilita muito na hora de encontrar o que precisamos, além de manter a casa sempre arrumada.

Estabelecer rotinas

Tudo começa com a criação de rotinas. Assim como preparamos nossos ingredientes antes de cozinhar, preparar a casa para a limpeza é essencial. Estabeleça uma rotina diária, semanal e mensal.

* **Se você cuida da sua casa sozinha:** diariamente, dedique alguns minutos para arrumar as camas, lavar a louça e fazer uma rápida organização dos espaços comuns. Semanalmente, escolha um dia para uma limpeza mais profunda, incluindo aspiração de pó, limpeza de banheiros e organização de áreas de trabalho. Mensalmente, dedique-se a tarefas como limpar janelas, organizar armários e revisar itens que não são usados com frequência.
* **Se você tem ajuda:** faça listas e processos, estabelecendo uma rotina diária e semanal.

A organização como pré-requisito para a limpeza

A verdadeira limpeza começa com a desobstrução de espaços. Organizar não é apenas uma questão de estética, mas a base para uma limpeza eficaz. Comece categorizando os itens em sua casa: o que deve ser mantido, doado ou descartado. Utilize caixas e organizadores para manter os objetos em seus devidos lugares, e lembre-se de que cada item em sua casa deve ter um "lar". Uma casa organizada promove uma limpeza mais ágil e eficiente, permitindo que você gaste menos tempo nessa tarefa e mais tempo desfrutando seu lar.

AS QUATRO ETAPAS DA ORGANIZAÇÃO

1. **Descarte:** comece se desfazendo do que não usa. Não tem sentido guardar coisas que só ocupam espaço. Se não serve, não é necessário, é hora de deixar ir.
2. **Categorização:** separe os itens por semelhanças. Isso ajuda a entender o que temos e a organizar melhor cada coisa.
3. **Setorização:** defina onde cada categoria de objeto deve ficar. Isso facilita na hora de guardar e de encontrar o que precisamos.
4. **Identificação:** coloque etiquetas para saber exatamente onde está cada item. Isso poupa tempo e evita estresse na busca por objetos. Ajuda também as pessoas que moram com você a manter a organização.

ORGANIZADO *VERSUS* ARRUMADO: ENTENDA A DIFERENÇA

É comum confundir "estar arrumado" com "estar organizado". Arrumar é só tirar do caminho, colocar as coisas em qualquer lugar para parecer que está tudo em ordem. Fiz muito isso ao ver a casa bagunçada quando as crianças eram menores e cresci com uma mãe *expert* em agir desse modo. Mas aprendi que a verdadeira organização vai além. É de dentro para fora. Ao organizar, criamos um sistema que nos permite saber exatamente onde cada coisa está. Não adianta só jogar dentro de uma gaveta; se você não encontra o que precisa, então não está realmente organizado.

APROFUNDE-SE NA ORGANIZAÇÃO

Aproveitamento de espaços

Olhar para nossa casa e visualizar as possibilidades requer imaginação. Cada espaço, seja ele um canto esquecido, seja uma prateleira alta, tem potencial para ser útil. Aproveitar esses espaços não apenas ajuda a manter a casa organizada, mas também a torna mais acolhedora e funcional. Pense em soluções criativas, como suporte para controle remoto parafusado na parede do lado da cama ou caixas organizadoras que se encaixam perfeitamente em prateleiras.

Manutenção da ordem

Manter a ordem é um desafio constante, mas com rotinas diárias podemos simplificar esse processo. Dedique alguns minutos todas as manhãs ou noites para "resetar" a casa, guardando o que foi usado durante o dia e preparando o espaço para o próximo. Essa prática transforma a manutenção da ordem em um hábito, em vez de uma tarefa árdua.

Envolver a família

A organização da casa não deve ser responsabilidade de uma única pessoa. Envolver a família, incluindo as crianças, na rotina de organização ensina valores importantes e divide o trabalho. Crie sistemas simples e claros, nos quais cada membro da família saiba suas responsabilidades, tornando a organização uma atividade conjunta e até mesmo divertida.

Transformando desafios em oportunidades

Cada desafio de organização pode ser visto como uma oportunidade para repensar nosso espaço e nossas necessidades. A organização não é apenas sobre eliminar o excesso ou encontrar o lugar perfeito para cada coisa, mas sobre criar um lar que nos apoia e inspira.

Flexibilidade e adaptação

As necessidades de nossa casa mudam com o tempo, e nossa organização deve ser capaz de se adaptar a essas mudanças. Seja flexível e aberta a ajustar seus sistemas de organização conforme sua vida e sua família evoluem. Isso pode significar reavaliar o espaço de armazenamento, mudar a função de um cômodo ou, simplesmente, se desfazer de itens que não servem mais.

A CASA REFLETE NOSSA ALMA!
Por meio da organização e da limpeza, criamos um ambiente que não é apenas esteticamente agradável, mas que também nutre nossa alma e nosso bem-estar. Uma casa organizada promove a tranquilidade, a criatividade e a alegria de viver. Que cada passo na jornada da organização seja em direção a um lar que verdadeiramente reflita o amor e o cuidado que temos por nós mesmos e pelos outros.

Com cada objeto em seu lugar, cada espaço aproveitado e cada membro da família envolvido, transformamos nossa casa em um santuário de paz e felicidade, um lugar onde amamos viver e compartilhar momentos preciosos.

Nosso Deus é um Deus de organização. Um ambiente sujo e bagunçado traz caos para os nossos dias. Como guardiã da paz do seu lar, é indispensável estar atenta à organização e à limpeza da casa, pois a organização gera harmonia.

Como já mencionei em outro capítulo, a única maneira de acessar o amor (Deus) é por meio da paz (Jesus). Se sua casa é um ambiente bagunçado, com certeza há falta de paz.

A frase "nada quebrado, nada faltando *shalom*" é uma expressão em hebraico que significa "paz sem nada quebrado, paz sem nada faltando". "*Shalom*" é uma palavra que significa paz, integridade e harmonia. Eu a incentivo a fazer ainda hoje uma lista de tudo o que está quebrado, de tudo o que está faltando e que esteja fora do lugar e começar o processo de organização da sua casa imediatamente!

Dicas eficazes de limpeza

Vivendo muitos anos nos Estados Unidos, limpei minha casa sozinha a maior parte do tempo. Assim, desenvolvi um processo de limpeza semanal. No meu dia a dia, dedicava somente alguns minutos arrumando as camas, lavando a louça, passando aspirador nas sujeirinhas que caíam no chão, um paninho perfumado onde precisava e uma rápida organização nos espaços comuns. Vou contar para você meu programa de limpeza do lar.

MEU PROCESSO DE LIMPEZA SEMANAL

1. Organizo tudo, ponho os objetos em seu devido lugar, troco os lençóis da cama, guardo as roupas, lavo e guardo as louças. Retiro toalhas sujas e coloco na máquina para lavar, assim como os lençóis. Ah, as roupas eu colocava para lavar todos os dias, para não acumular.
2. Aspiro todo o ambiente: gaveta, rodapé, sofá, cama, banheiro, a despensa de comida, caixas organizadoras, aspiro até a geladeira! Só uso a vassoura para auxiliar na aspiração caso seja difícil de aspirar. Vou fazendo isso ambiente por ambiente.
3. Tiro o pó de tudo com espanador e pano com álcool.
4. Em seguida, passo os produtos na cozinha e banheiros e deixo agir por alguns minutos. Enquanto isso, coloco as toalhas e os lençóis para secar.
5. Depois, com bucha ou escova, vou esfregando tudo o que precisa ser esfregado, enxáguo, se necessário e, em seguida, vou limpando com papel-toalha ou um pano. Faço isso em todos os ambientes da casa.
6. Passo pano no chão.
7. Reponho o que está faltando: sabonetes, papel higiênico nos banheiros, toalhas nos banheiros, papel-toalha e detergente na cozinha.
8. Acendo velas ou aciono algum spray aromatizador. Amo o cheiro de casa limpa!

LISTA BÁSICA DE PRODUTOS PARA UMA BOA LIMPEZA

* Álcool
* Vinagre
* Detergente neutro
* Limpador multiuso
* Desinfetante de vaso sanitário
* Tira-limo
* Desengordurante
* Limpa-vidros
* Água sanitária
* Amaciante
* Sabão para roupa

A cozinha e o banheiro são as áreas da casa que mais necessitam de atenção na hora da limpeza, por serem ambientes propensos ao aparecimento de germes, bactérias e vírus. Por isso, fiz uma lista de alguns produtos e para que eles servem.

PRODUTOS ESSENCIAIS DE LIMPEZA PARA COZINHA E BANHEIRO

Para manter sua cozinha impecável, alguns itens de limpeza são indispensáveis. O detergente neutro é um ótimo aliado para limpar eletrodomésticos, prateleiras e armários. Para utilizá-lo, dissolva três colheres de sopa de detergente neutro em três litros de água, aplique a solução nas superfícies com um pano limpo ou uma esponja e seque em seguida. O desengordurante é ideal para remover manchas de gordura da cozinha. Aplique-o no fogão, no forno ou no exaustor, deixe agir por alguns minutos, depois remova o produto com um pano umedecido e seque. Os limpadores multiuso são versáteis, removendo gordura e higienizando diferentes superfícies como pias, bancadas, vidros, prateleiras e fogões. O detergente lava-louças é essencial para manter a pia sempre higienizada e livre de louça suja. Além desses produtos, não se esqueça de esponjas, panos multiuso, escovas para limpar aço inox e palha de aço.

No banheiro, o limpador multiuso também pode ser aplicado, mas outros produtos são necessários para uma higiene completa. O desinfetante de vaso sanitário é crucial para eliminar germes e garantir uma limpeza profunda. Aplique-o e limpe as paredes do vaso com uma escova apropriada, deixe agir por alguns minutos e dê a descarga. O tira-limo é fundamental para remover limo que pode surgir no boxe e nos rejuntes dos azulejos. A água sanitária é uma alternativa eficaz aos desinfetantes e pode ser usada em todas as áreas do banheiro. Para manter os espelhos e superfícies de vidro limpos e brilhantes, use um produto limpa-vidros. Aplique-o diretamente no vidro e utilize um pano ou papel toalha para remover manchas e sujeiras, garantindo uma transparência impecável.

Capítulo 23
CRIAR UMA CASA ATRAENTE E BEM DECORADA É ACESSÍVEL A TODOS

TRANSFORMAR SUA CASA em um espaço bonito e bem decorado não precisa ser caro ou exclusivo. Com um pouco de empenho, você pode criar um ambiente que reflita seu estilo pessoal, seja ele moderno, retrô, rústico, campestre, clássico, minimalista, industrial ou romântico.

Embora montar uma decoração harmoniosa possa parecer desafiador no início, o segredo está em equilibrar cuidadosamente as cores, os estilos, os móveis e os objetos decorativos. Com atenção a esses detalhes, você pode criar um espaço acolhedor e esteticamente agradável que traga prazer e conforto ao seu dia a dia.

Não sou *designer* de interiores nem arquiteta, mas amo decoração e, na minha jornada, aprendi um pouco sobre o assunto e desejo compartilhar agora com vocês. Tenho certeza de que estas dicas vão facilitar muito na hora de decorar sua casa.

* **Explore os principais estilos de decoração e escolha seu preferido.** Há uma ampla variedade de estilos de decoração para você escolher: rústico, moderno, *boho*, romântico, retrô, contemporâneo, tropical, provençal, clássico, colonial, industrial, luxuoso, vintage, entre outros. Conhecer as características de cada um ajudará

você a selecionar os móveis, objetos decorativos e cores que melhor se adequam ao seu gosto e à sua personalidade, permitindo criar ambientes que refletem seu estilo único.

* **Cuidado na escolha das cores.** As cores são muito utilizadas na decoração; porém, quanto menos, melhor. A dica que dou é a seguinte: pinte as paredes da sua casa com tons sóbrios (como cinza ou bege) e use a mesma cor nas portas e nos rodapés para disfarçar as imperfeições e deixar a casa mais harmônica. Escolha móveis tom sobre tom, combinando com a pintura da parede. Cortinas da mesma paleta "abraçam" o ambiente. Somente nos objetos decorativos coloque cor, de preferência escolha uma tonalidade vibrante e aposte em algumas peças decorativas.

* **Invista nas plantas.** Você pode utilizar plantas para decorar todos os ambientes da casa, até mesmo o banheiro e a cozinha. Além de embelezar o cômodo e dar um toque harmonioso, as plantas proporcionam maior sensação de conforto. Impossível errar com um lindo jarro de folhagem. O verde da planta acolhe o ambiente.

* **Faça dos espelhos seus aliados.** Os espelhos permitem criar diversos efeitos e embelezam os ambientes, sem falar do custo acessível. Você pode usar grandes espelhos ou fazer um mosaico com peças menores. Também pode utilizar espelhos em diversos tamanhos e molduras para criar uma parede criativa.
* **Eleja alguns cantos da sua casa para deixar sua marca.** Faça um cantinho de café e decore do seu jeito. Decore um aparador com porta-retratos da família e alguns objetos proféticos. Aposte em livros decorativos.
* **Escolha bons quadros.** Mas lembre-se sempre de que menos é mais. Em uma decoração minimalista, é mais difícil de errar.

São diversas as opções e as ideias que proporcionam uma decoração harmoniosa para sua casa. Para ter um ambiente agradável e bonito, não é necessário fazer grandes investimentos financeiros nem utilizar objetos totalmente fora do comum, mas dedicação e amor. Aproveite este momento e se divirta com a decoração da sua casa!

6 IMPORTÂNCIA DA LIDERANÇA INSPIRADORA

Capítulo 24
SEJA UMA MENTORA PARA AS OUTRAS MULHERES

QUERIDA MULHER, este capítulo é um convite ao seu coração, uma chamada para você explorar a beleza e a profundidade de se tornar uma líder e uma mentora em Cristo.

Na jornada da fé, onde somos continuamente transformadas pelo amor e pela palavra de Deus, somos também chamadas a ser instrumentos dessa transformação na vida de outras mulheres.

O princípio que guia esse chamado é simples, porém poderoso: "Primeiro em mim, depois através de mim". E o que isso quer dizer? Primeiro, que experimentamos nossa própria transformação ao caminhar com Cristo; depois, que somos usadas por Ele para facilitar a transformação em outras pessoas.

Antes de podermos guiar alguém, no entanto, precisamos conhecer o caminho. Jesus fala sobre isso:

> *Jesus fez também a seguinte comparação: "Pode um cego guiar outro cego? Não cairão os dois no buraco?".*
> — LUCAS 6,39

Isso significa que nossa jornada com Deus não é apenas sobre nosso crescimento e aprendizado, mas também sobre como esse crescimento pode ser compartilhado. A transformação pessoal é o alicerce sobre o qual construímos nossa habilidade de ser mentoras para outras mulheres. Ao nos aprofundarmos em nossa relação com Cristo, ao permitirmos que Sua palavra molde nosso ser, nós nos tornamos exemplos vivos de Sua graça e amor.

O discipulado é a essência de ser uma mentora cristã. Ele se baseia em uma ideia simples, mas profundamente transformadora: "Caminhar com a pessoa, levando-a a conhecer mais Jesus". É um relacionamento que visa a colaborar na formação de Cristo no outro. Auxiliar o outro a morrer para si e viver para Cristo.

Esse processo é um caminho de mão dupla, no qual tanto a mentora quanto a discípula se movem juntas em direção a um entendimento mais profundo de quem Jesus é e do Seu chamado para suas vidas. No discipulado, compartilhamos nossas lutas, nossas vitórias, nossas dúvidas e nossas certezas, sempre com o objetivo de aproximar cada vez mais a outra pessoa de Jesus.

Ser mentora: um chamado para todas

Eu quero que você saiba que ser mentora não é um chamado exclusivo para poucas escolhidas e, sim, um convite aberto a quem deseja ver outras mulheres florescerem na fé. Não é necessário ser perfeita ou ter todas as respostas; o que conta é a disposição de compartilhar sua jornada, seus aprendizados e seu coração! Ao se tornar mentora, você oferece um espaço seguro para o crescimento, os questionamentos e as descobertas, fundamentado no amor incondicional de Cristo.

Querida mulher, tornar-se uma mentora é abraçar um chamado divino para impactar vidas, guiando outras mulheres a um relacionamento mais profundo com Jesus. Lembre-se de que você não caminha sozinha; o próprio Cristo a guiará em cada passo desse caminho. Você verá não apenas a transformação nas vidas daquelas a quem você ministra, mas também experimentará uma nova profundidade em seu próprio relacionamento com Deus. Que seu coração esteja sempre aberto a ser tanto uma mentora como uma discípula, aprendendo e crescendo na graça e no conhecimento de nosso Senhor Jesus Cristo.

Antes de começar:
* Peça a Deus que guie seu coração para as mulheres que Ele deseja que você discipule.
* Uma vez que Deus colocar alguém em seu coração, seja intencional em construir um relacionamento genuíno com essas mulheres.
* O discipulado é tanto sobre compartilhar conhecimento quanto vida. Permita que suas discípulas vejam as bênçãos e os desafios em seu caminhar com Deus.
* Guie suas discípulas a estabelecerem as próprias relações com Deus, incentivando-as a buscá-Lo em oração, com estudo da Bíblia e em comunhão.

COMO ORGANIZAR
* Os encontros devem ser semanais.
* Monte seu grupo.
* Escolha o dia da semana e o melhor horário para você.
* Ore pelas mulheres do grupo.
* Cada mulher precisa adquirir *O manual da mulher*, pois o livro servirá como manual.
* Planeje os cardápios.
* Organize sua casa para começar a mentoria.

CONTEÚDO

Estude com elas um ou dois capítulos por encontro. Você pode fazer isso na ordem do livro. Para ficar mais dinâmico, pode também escolher um capítulo de princípio e alternar para outro mais dinâmico. Mas não interrompa os encontros até concluir todos os capítulos.

PREPARE-SE

* Estude com antecedência o capítulo que você ministrará.
* Prepare alguma dinâmica.

ARRUME A CASA

* Deixe a mesa posta.
* Prepare a comida.
* Organize as bebidas.
* O lavabo deve estar limpo, com toalhas e demais itens à disposição.
* Organize toda a casa.
* Uma atmosfera harmônica para uma reunião bem-sucedida é fundamental. Mantenha um ambiente tranquilo e sem distrações.
* Deixe a caixa de som ou o equipamento que você usará para o louvor já ligados no volume baixo.
* Escolhas as músicas previamente e as deixe preparadas.
* Coloque os encontros sempre em suas orações.

FORMATO DO ENCONTRO

* Separe, pelo menos, 3 horas para cada encontro.
* Reserve 30 minutos para as saudações e a chegada das mulheres.
* Reserve 30 minutos para a refeição.
* Faça a oração de abertura.
* Cantem dois louvores.
* 30 a 40 minutos de ministração.
* Encaminhe a oração de conclusão.
* Cantem um louvor de encerramento.
* Reserve 20 minutos para concluir.

CONCLUSÃO

Um até breve entre amigas

EI, QUERIDA! QUERO QUE SAIBA QUE cada palavra aqui compartilhada foi um pedacinho do meu coração, um convite para que você mergulhe mais fundo em quem você realmente é. E olha, este livro não termina aqui, viu? É tipo aquele cafezinho quente numa tarde chuvosa: sempre bom voltar a ele quando precisamos de um aconchego ou de uma luz para clarear o caminho. Espero que cada página ilumine sua vida e a ajude a conquistar mais propósito, beleza e harmonia, tanto em seu interior quanto no seio do seu lar. Desejo que você se descubra, cresça e floresça sob a direção amorosa de Deus.

Cuidei para que estas páginas estivessem repletas de aprendizados, mas a verdadeira transformação começa com a ação — com as escolhas diárias que você faz para se aproximar de Deus e viver segundo Seus caminhos. Lembre-se de que cada passo que você dá rumo ao autoconhecimento e à aplicação dos princípios divinos é uma semente plantada no solo fértil do amor e da fé. Por isso, eu a encorajo a voltar a este livro sempre que precisar de inspiração, orientação ou simplesmente de um lembrete do seu valor incomensurável aos olhos do Criador.

Antes de terminar, quero convidar você a se juntar a mim nas imersões e encontros presenciais que organizo, pois são espaços de conexão e de crescimento onde podemos compartilhar, aprender e nos apoiar mutuamente na caminhada da fé. Nas minhas redes sociais, você pode se manter atualizada sobre eventos e receber as mensagens que, espero, toquem seu coração e fortaleçam sua esperança em dias cada vez melhores. Vamos continuar juntas, aprendendo e crescendo uma com a outra!

Deus tem planos maravilhosos para cada uma de nós, e, quando caminhamos com Ele, somos verdadeiramente livres para realizar nossos sonhos mais profundos e cumprir nosso propósito divino. Avance com amor e a confiança de que tudo começa e termina nas mãos de Deus.

Então, mulher, siga firme, com dedicação e aquele sorriso no rosto, sabendo que, em cada passo, você não estará sozinha. Deus estará com você e eu também, viu?

Com amor,
Isabela Cabral Braga
@isabelacabralbraga

Sobre a autora

Com o coração cheio de afeto por sua família – seu marido, Thiago, e seus três filhos, Arthur, Joanna e Enrico –, Isabela combina uma vida familiar enriquecida com um profundo senso de propósito. Juntos, eles se dedicam à missão pastoral, servindo com devoção na Igreja Batista Lagoinha.

Mente criativa, Isabela traça um caminho que permite às mulheres reconhecer a possibilidade de alinhar os desafios do mundo contemporâneo à graça e à elegância da mulher segundo o coração de Deus. Suas raízes espirituais, nutridas no seminário teológico Carisma, e influenciadas pela conceituada palestrante e líder cristã norte-americana Devi Titus, são a base de sua crença na importância do lar e da mulher no centro dele.

Formada pela prestigiada escola francesa Le Cordon Bleu, ela faz da cozinha sua tela, pintando pratos com sabores, aromas e apresentações que são verdadeiras obras de arte, adicionando ainda mais prestígio às histórias que conta.

Além de escritora e chef de cozinha, Isabela é coach certificada pela Febracis, um reconhecido instituto de coaching, dedicando-se a ajudar outras mulheres a navegar pelas complexidades da vida moderna.

Fontes Richmond Text e Analogue
Papel Alta Alvura 90 g/m²
Impressão Maistype